CÓMO DEJAR DE PENSAR DEMASIADO

Las técnicas probadas para reducir la ansiedad, alcanzar la paz mental y controlar nuestro pensamiento. Con ejercicios para vivir en el presente.

PsicoPráctica

Sumario

Introducción

Nuestra mente es, sin duda alguna, una de las más sofisticadas herramientas con la que contamos los seres humanos. Por medio de ella hemos podido imaginar, diseñar y crear todo cuanto existe en nuestra civilización. Pero, así como nos es sumamente útil en nuestro proceso creativo, nuestra mente se puede llegar a convertir en un mecanismo de autosabotaje, de autoflagelación, y nuestro mayor adversario por momentos. La diferencia dependerá en gran medida de cuánto conozcamos de ella, y de cuánto hayamos aprendido a "domarla", de manera que podamos usarla para nuestro beneficio. Esto es algo que me ha tocado aprender de primera mano, ya que he tenido que batallar con mi mente en muchas oportunidades a lo largo de mi vida.

En mi opinión, la mente es un territorio poco explorado todavía, con muchas aristas que considerar, por lo que sería ingenuo pensar que se puede abarcar todo lo que hay que decir de ella en un solo volumen. Por eso, en esta ocasión me voy a enfocar solo en una de esas aristas: los pensamientos recurrentes. Estos son ideas que llegan a tu mente, muchas veces sin ser "invitados", y que luego no los puedes sacar de allí, aunque ese sea tu deseo.

Podría citar muchos ejemplos de tales batallas, incluso, algunos bastante recientes, pero prefiero compartir contigo una de mis experiencias más intensas, que ocurrió cuando era yo muy joven y apenas iniciaba mi recorrido por el mundo de las relaciones de pareja. De hecho, esa fue mi primera relación de pareja que, cuando terminó, me dejó muy mal a nivel emocional, ya que no sabía cómo enfrentar esa ruptura.

Es posible que te sientas identificado con esto, ya que a muchas personas nos ha sucedido lo mismo. En mi caso, yo muy joven e inmaduro en aquel tiempo, y no contaba con ninguna de las herramientas con las que cuento en la actualidad, por lo que no tenía idea de cómo gestionar tal situación. Ya sabes: tus amigos te dicen "a rey muerto, rey puesto", pero para mí, eso no tenía sentido en aquel momento. Yo estaba triste, devastado, y sin ningún ánimo ni intención de salir a buscar a otra persona.

Fue aquella la primera vez en la que me vi desbordado por pensamientos intrusivos que llegaban a mi mente. Pensamientos acerca de esa persona con la que recién acababa de terminar la relación. Pensamientos de lo que podría haber sido nuestra relación, y de lo que yo podría haber hecho para mantenerla. Allí estaba yo a cada instante repasando en mi mente nuestras conversaciones, lo que consideraba que habían sido mis errores, e imaginando lo que habría ocurrido en caso de haber actuado diferente.

Cuanto más tiempo pasaba, más se afianzaban esos pensamientos en mi mente, hasta llegar a un punto en el que ya no me abandonaron. Con cada repaso de estos pensamientos revivía cada emoción negativa asociada al fin de la relación, lo que retroalimentaba ese mismo pensamiento, generando así un ciclo interminable de dolor y sufrimiento en mí. Y, todo eso, lejos de hacerme sentir mejor y de ayudarme a superar la ruptura, me mantenía en un duelo constante, anclado en el pasado. Un duelo que cada vez se hacía más largo, más fuerte, y del cual me fue muy difícil salir.

En ese período de mi vida empecé a quedarme cada vez más tiempo en casa. Dejé de compartir con otras personas. Abandoné los estudios que estaba cursando, e incluso, mi salud se llegó a ver afectada, porque en mi mente sólo había espacio para una sola cosa: revivir el drama de mi relación fallida. Y lo peor de todo fue que en esa etapa de mi vida ni siquiera me di cuenta de que me había estancado, de que mi vida se había detenido, y de que cada vez tenía menos ánimo de tomar el control de mi existencia.

Finalmente, logré superar aquella ruptura, lo que me tomó más de un año de mi vida. Un año en el que estuve prácticamente paralizado, rumiando mi pena día tras día, sin saber qué hacer. Todo esto ocurrió porque no sabía cómo detener esos pensamientos intrusivos y recurrentes que me abordaban a cada momento. Digamos que ese fue el caso más fuerte relacionado con pensamientos intrusivos del que tenga memoria, entre otras cosas, porque fue lo que me sirvió para decidir tomar acción y aprender a gestionar mi mente.

Sin embargo, no todo son situaciones dramáticas: todo esto que te acabo de resumir lo he experimentado también, aunque con menor intensidad, en otros ámbitos y momentos de mi vida, ya sea por el fallecimiento de una persona cercana a mí, por temas laborales, e incluso, por canciones que se instalan en mi mente sin una razón aparente, y que luego no las puedo "apagar". Vistas desde fuera, podríamos pensar que un fallecimiento o temas del trabajo y de mi economía son bastante más graves, y de hecho lo son; sin embargo, ninguna me ha afectado tanto como aquella primera ruptura, y es porque en la actualidad tengo interiorizados los recursos de los que te hablo a lo largo de esta guía.

En cada uno de estos episodios es como si mi mente se declarara en rebelión. Como si decidiera de manera autónoma que el único objeto de su atención a partir de ese momento será esa idea recurrente, ese pensamiento intrusivo, sobre la cual trabajará una y otra vez en un círculo vicioso de retroalimentación constante, haciéndome revivir de forma constante todas esas emociones negativas que experimenté en el evento original.

Esto que te acabo de contar es lo que me ha motivado a lo largo de estos últimos años a investigar, a estudiar y a aprender cómo funciona esto de los pensamientos intrusivos, y qué podemos hacer para acallarlos, para disolverlos, o para reemplazarlos por otros que sean más constructivos, que nos permitan aprender de las experiencias vividas y que nos motiven a seguir adelante.

A pesar de que contamos en nuestras vidas con una herramienta sumamente poderosa como lo es la mente, conocemos muy poco de ella, por lo que, en lugar de sacarle el mejor provecho, caemos a merced de sus caprichos, lo que termina por jugar en nuestra contra, convirtiéndonos muchas veces en sus prisioneros.

A nuestras mentes llegan pensamientos de todo tipo. Los hay de naturaleza constructiva, que nos impulsan a crear, a construir y a desarrollar una mejor versión de nosotros mismos y del mundo. Pero, así mismo, los hay de naturaleza destructiva, que nos pueden llevar a sacar lo peor de nosotros mismos, ya sea en contra nuestra o de los demás. El problema es que, detrás de cada pensamiento intrusivo se van hilvanando otros de la misma naturaleza, que resuenan con el pensamiento inicial, formando así una cadena que, cuando crece sin control, puede generar desde ligeras incomodidades, hasta las depresiones más severas.

Por tanto, considero para mí es un tema prioritario el comprender un poco mejor la mente y su funcionamiento, para así poder tomar el control de nuestros pensamientos y saber cómo gestionarlos de manera adecuada cuando intentan salirse de control. Eso es lo que me motiva a escribir este libro. Que no tengas que invertir más de un año para superar una situación traumática, como me ocurrió a mí, porque no sabía cómo controlar mis pensamientos.

Mi intención, a través de estas páginas, es mostrarte lo que dice la ciencia con respecto a estos pensamientos intrusivos y recurrentes, así como algunas técnicas que puedes utilizar para que puedas tomar el control de esa maravillosa herramienta que es tu mente, de manera que puedas utilizarla para lo que fue hecha, como una herramienta creativa para mejorar tu vida, y no como un mecanismo de autoflagelación.

Espero que la lectura de este libro sea agradable para ti, pero, sobre todo, que te sirva para darte cuenta del poder que se esconde detrás de un pensamiento. Espero que, con ayuda de lo que encontrarás plasmado en este libro, puedas entender mejor cómo funciona tu mente y puedas "domar a la bestia" para que la uses en la construcción de la realidad que deseas experimentar.

Parte I. ¿Qué me está pasando?

El cerebro es, sin dudas, uno de los órganos más complejos y enigmáticos con los que contamos los seres humanos, siendo el resultado de millones de años de evolución, lo que lo ha llevado a ser un objeto de estudio prácticamente obligatorio para la ciencia. Sin embargo, a pesar de que la ciencia ha dado pasos importantes en su estudio en las últimas décadas, buena parte de su funcionamiento continúa siendo un enigma para la humanidad. ¿De dónde proviene la creatividad? ¿Cuál es el origen de la imaginación? ¿Dónde se originan los pensamientos? Todas estas son preguntas sobre las cuales la ciencia teoriza aún, ya que no existe en la actualidad una respuesta unificada para ellas, y no es porque no se haya intentado.

Para el estudio del cerebro existe la neurociencia, que es la ciencia que se encarga de estudiar y comprender el desarrollo del sistema nervioso, su estructura y sus funciones. Esta ciencia inició su auge más o menos en la década de 1950, cuando se empezó a investigar con más fuerza el funcionamiento cerebral y del sistema nervioso como un conjunto.

Con el transcurrir de las décadas, la neurociencia fue expandiendo sus áreas de estudio, llegando al día de hoy a abarcar campos como la **neurociencia afectiva**, que relaciona el comportamiento neuronal con las emociones; la **neurolingüística**, que estudia los mecanismos neuronales del cerebro que configuran el conocimiento, la comprensión y la adquisición del lenguaje; la **neurociencia educativa,** que estudia cómo afectan los procesos neurobiológicos al aprendizaje; o, la **neurofisiología**, que analiza la relación del cerebro y sus funciones con el resto de partes del cuerpo. Y, es que, ante un órgano tan impresionante como lo es el cerebro, no es extraño que se requiera combinar varias ciencias para poden entenderlo.

Así tenemos entonces que, con el pasar de los años, la neurociencia ha venido integrando otras ciencias con el objetivo de comprender cómo funciona esa preciosa máquina que conocemos cómo cerebro, y cómo es capaz de gestionar la vida del ser humano. Sin embargo, son más las interrogantes que quedan por responder, que las respuestas que la neurociencia nos ha dado hasta ahora. Y, una de esas respuestas que está pendiente es la que tiene que ver con la relación entre el cerebro y la mente.

Aunque parezca evidente que la mente y el cerebro operan como una unidad, la ciencia no ha podido comprobar cómo funciona esa relación entre mente y cerebro: ¿es la actividad mental igual a los procesos cerebrales? ¿Es diferente? ¿Los procesos cerebrales producen procesos mentales? ¿Qué lugar ocupa la consciencia en esta relación mente-cerebro? Estas son preguntas que permanecen sin una respuesta unificada todavía.

Lo que podemos afirmar por ahora es que "*el cerebro actúa como un centro biológico que recibe estímulos tanto del medio interno como del medio externo del individuo, que los integra entre sí y con la experiencia cognitiva, emocional y de motivación acumulada, y, finalmente, da lugar a la respuesta o respuestas correspondientes dentro o fuera del organismo*". Mientras que la mente vendría a ser el "*conjunto de actividades y procesos psíquicos conscientes e inconscientes, especialmente de carácter cognitivo o afectivo, tal como comparecen en la experiencia subjetiva o en la medida en que se encuentran referidos a ella"* (D.J. CHALMERS, 2002). De acuerdo con el planteamiento anterior, mientras que el cerebro se ocupa de la parte biológica, la mente lo hace de la parte psíquica. Es como si el cerebro funciona como el hardware de un ordenador, mientras que la mente lo hace como su fuera su software.

Esto nos lleva a un problema de difícil resolución en el que la ciencia continúa trabajando, y que consiste en conciliar la objetividad del cerebro con la subjetividad de la mente, acuñándose así un término para describir esta circunstancia: el problema mente-cerebro: "*se denomina "problema" mente-cerebro porque —al menos tal como se plantea ante nosotros mismos— por un lado, poseemos experiencias subjetivas y por otro somos capaces de examinar científicamente los órganos materiales implicados en ellas, sin que la unidad de ambas perspectivas sea fácil de encontrar*" (D.J. CHALMERS, 2002)

A mí se me hace más sencillo comprender este problema usando una analogía del mundo informático. Podríamos decir, por ejemplo, que el órgano del cerebro funciona como el hardware de un ordenador; mientras que la mente sería el conjunto de procesos o programas que corren en ese ordenador. Así, el pensamiento sería el resultado de esos procesos o programas; la cognición sería lo que esos resultados le estarían mostrando al operador del ordenador; y, por último, la psique sería el propio operador.

Ahora bien, siguiendo con esta analogía, el operador estaría en capacidad de agregar más programas a su ordenador, lo que le permitiría procesar nueva información. Esto lo haría a través de la inclusión de nuevos paradigmas, de nuevas maneras de hacer las cosas o de nuevas formas de interpretar la realidad. Así mismo, podría utilizar los pensamientos resultantes de su procesamiento, para llegar a nuevas conclusiones, para encontrar soluciones a problemas o como lo considere pertinente.

Así mismo, ese ordenador que es el cerebro estaría corriendo de manera simultánea otros procesos y programas de los cuales el operador no sería consciente. Algunos de esos procesos estarían destinados a proteger el ordenador de virus y amenazas informáticas; otros procesos estarían destinados a sostener el desempeño del ordenador; e incluso, se podría haber infiltrado algún virus que estaría causando algún daño en los sistemas del ordenador. Y, de nada de esto el operador sería consciente, a menos que el ordenador presente algún síntoma que lo alerte.

Si el operador utilizara de manera voluntaria un programa de su ordenador, este generaría un resultado, que sería el equivalente de un pensamiento para el cerebro-mente. Un ejemplo de esto sería la ejecución de un cálculo matemático, que ocurriera como resultado de la voluntad del operador.

De la misma manera, si el cerebro recibiera señales internas o externas, lo que serían estímulos, las integraría también y daría un resultado, en la forma de un pensamiento. Por ejemplo, cuando el cerebro percibe debilidad en el cuerpo y un cierto malestar en el estómago, esto generaría el pensamiento: "*tengo hambre*", que sería una idea que se generaría sin que el operador interviniera voluntariamente.

Esto deja en evidencia que no somos conscientes de todo lo que nuestro cerebro hace, de todo lo que nuestra mente procesa, ni de todos los pensamientos que se generan a lo largo de un día. Ocurren cosas en nuestra mente de las cuales no somos conscientes; nuestros cerebros envían señales para activar procesos como respuestas a ciertos estímulos de los cuales no nos damos cuenta. Y esto ocurre porque, más allá de lo que hayas aprendido hasta ahora, **tú no eres tu mente. Tú no eres tu cerebro. Tú eres quien se sirve de ellos.**

Este es el primer mensaje importante que te quiero compartir en esta guía. Porque, si tú no entiendes que tú y tu mente son dos cosas diferentes, no te va a ser posible detener el flujo de pensamientos negativos recurrentes. Hay pensamientos que tú originas de manera voluntaria, y hay pensamientos que simplemente llegan a tu mente, que los sintonizas, aunque esa no sea tu intención. Y tienes que aprender a diferenciarlos.

En mi experiencia, hay pensamientos que "sintonizamos", aunque esa no sea nuestra intención, porque el cerebro funciona más bien como una antena, como un receptor de radio en esos casos. Uno que está continuamente escaneando información en forma de pensamientos, muchos de los cuales llegan a nosotros de manera involuntaria. Es decir, no como resultado de nuestra voluntad, sino de manera aleatoria. Son pensamientos que simplemente llegan a nuestras mentes, y algunos de ellos se quedan allí, sin que tengamos un control real sobre ellos. Es a esos pensamientos a los que me voy a referir a partir de este momento como **pensamientos negativos recurrentes**, o **pensamientos rumiantes**. Y, utilizaré cualquiera de los dos términos indistintamente a partir de ahora.

Capítulo 1. Pensamientos negativos recurrentes

Pensar y reflexionar son actividades que los seres humanos hacemos de forma natural, y que nos permiten analizar y procesar información para llegar a conclusiones que nos ayuden a tomar mejores decisiones, a resolver problemas, y a aprender de experiencias vividas. Sin embargo, cuando nuestros pensamientos se salen de control, cuando no somos capaces de pensar en lo que queremos pensar, sino que nuestra mente es abordada por un torbellino de pensamientos que nos arrastran en una dirección que no es la deseada, cuando nos llenan de duda, de inseguridad, y de toda una variedad de emociones negativas, cuando nos arrastran y nos anclan al pasado o al futuro sin posibilidad de movernos en ninguna dirección, entonces se convierten en un gran problema para nosotros y en nuestros más fieros adversarios.

Es en este punto cuando tenemos que hablar de los **pensamientos negativos recurrentes**, que vienen a ser pensamientos obsesivos intrusivos, los cuales pueden estar centrados en problemas pasados, presentes, y en potenciales problemas futuros, en situaciones reales o hipotéticas, y en ideas no deseadas, que te generan ansiedad o tristeza. Son pensamientos obsesivos porque no podemos sacarlos de nuestra mente, aunque queramos. Y son pensamientos intrusivos, porque llegan a nuestras mentes sin invitación.

Para este tipo de pensamientos existen muchas definiciones de acuerdo a las investigaciones que de ese tema se vienen realizando. Por ejemplo, los pensamientos intrusivos son entendidos como "*productos cognitivos (imágenes, sensaciones, pensamientos y/o impulsos) que se presentan de forma involuntaria, cuyo origen es interno y se sufren de forma recurrente y repetitiva*" (Arnáez, 2017). Mientras que los pensamientos negativos repetitivos se definen como "*pensamientos recurrentes sobre uno o más temas negativos, que se experimentan como difíciles de controlar e implican una actividad cognitiva atenta, perseverante, frecuente y relativamente incontrolable que se centran en los aspectos negativos del yo y el mundo*" (Ehring, 2008).

Esto de los pensamientos negativos recurrentes pareciera ser un problema generalizado. En mi caso, podría decirte que, todas las personas con las que he hablado de este tema reconocen que han experimentado pensamientos negativos recurrentes en algún momento de sus vidas. Y no es extraño que así sea, ya que en la dinámica en la que se desarrollan nuestras vidas, siempre enfrentamos situaciones que facilitan su aparición e instalación en nuestras mentes.

Supongamos, por ejemplo, que es viernes en la mañana, y que has tenido una semana difícil en la oficina. Te has tenido que quedar trabajando más tiempo del que querías, atendiendo problemas inherentes a tus responsabilidades, por lo que has llegado tarde a casa cada día de esa semana, encontrando a tus hijos ya dormidos, y desatendiendo tus responsabilidades en el hogar. Tu pareja, que había asumido tus responsabilidades en el hogar de manera proactiva durante los primeros días, empieza ahora a sentirse irritada por lo repetitiva de esta situación, lo que le lleva a manifestar su incomodidad por tu ausencia del hogar esa mañana del viernes, cuando por fin logra tener unos minutos para hablar contigo.

Tú no le respondes, por un lado, porque sabes que tiene razón en lo que te está manifestando, y por el otro, porque te quieres evitar una pelea más, ya que sabes que te aguarda otro día difícil en la oficina ese día. Así que, escuchas en silencio, le das la razón, y le aseguras que harás lo posible para normalizar las cosas en la oficina tan pronto como te sea posible, mientras sientes que tienes otra crisis en puertas, como si fuera poco lo que te está tocando enfrentar en la oficina.

Con el objetivo en mente de evitar que estalle esa nueva crisis en ese momento, te despides muy rápido y sales a toda prisa, con la excusa de que tienes que llegar temprano a la oficina para resolver algo, lo cual no es mentira, por cierto, ya que además te esperan al menos 45 minutos de tráfico para llegar a tu trabajo.

Te subes a tu auto, e inicias el recorrido a tu oficina, pensando en lo mal que te va en tu trabajo, en lo terrible que te sientes cada vez que llegas allí, en tus compañeros de trabajo que te están haciendo las cosas más difíciles, y en el poco apoyo que recibes cuando llegas a casa, que es tu único refugio en este momento. Y todo esto ocurre a pesar de que te estás esforzando al máximo para hacer las cosas bien en ambos frentes. Es en este contexto cuando inicias un monólogo más o menos como este en tu mente:

—*Ojalá mi pareja fuera un poquito más comprensiva con mi situación en el trabajo. No creo que se dé cuenta de cuánto me estoy esforzando para hacer que las cosas funcionen como deberían.* —empiezas a decirte.

—*Es que no tiene idea del infierno que estoy viviendo en la oficina cada día. La verdad es que sufro al tener que levantarme para ir a trabajar en las mañanas.* — te compadeces de ti.

—*Me vendría bien un poquito de apoyo de su parte. Porque, yo siempre estoy allí para apoyarla cuando lo necesita.* —le recriminas en tu monólogo.

Así, poco a poco, sin que te des cuenta de lo que está ocurriendo, tus pensamientos empiezan a escalar en intensidad:

—*¡Es que me provoca mandar todo a la mierda! No creo que pueda aguantar esto por mucho más tiempo. Aunque, es probable que, si las cosas siguen así, terminen por despedirme pronto.* —especulas.

—*Pero, ¿qué vamos a hacer si me despiden? No estamos preparados para esa situación. ¡Tengo que ponerme a buscar otro trabajo inmediatamente!* —es tu apresurada conclusión.

—*No puedo perder mi empleo. Así sí que me va a estallar otra crisis en casa. ¡Puedo incluso hasta perder a mi familia!* —piensas, mientras entras en pánico.

—*Tengo que encontrar la manera de resolver las cosas en la oficina.* —piensas.

—*Pero, ¿cómo voy a hacer eso? No tengo los recursos, ni la gente.* —te quejas.

Es justo allí cuando el ciclo empieza a repetirse. Ese pensamiento te lleva de vuelta al problema original, tus problemas en la oficina, y lo que te espera apenas llegues. Y ahí se reinicia el ciclo, pasando una y otra vez por cada uno de los escenarios por los que ya pasaste, reviviendo una y otra vez cada uno de ellos, sin importar si son reales o hipotéticos. En realidad, eso es irrelevante, ya que tu cuerpo no sabe cómo discriminar entre un escenario real y uno imaginado. Todo lo que revives en tu mente, tu cuerpo lo somatiza.

Tu cuerpo generará toda una serie de químicos, neurotransmisores y hormonas, que le hacen experimentar a tu cuerpo los efectos de todas esas emociones como si lo que estás pensando fuera real.

Durante tu camino a la oficina, repasas una y otra vez todo lo que no salió bien en tu trabajo la última semana. Te reprochas todo lo que pudiste haber hecho diferente, y no hiciste. También te reprochas no haberle dedicado más tiempo a tu pareja y a tus hijos esa semana. Pero, al mismo tiempo, le reprochas a tu pareja que no entienda que estás atravesando por un mal momento en el trabajo. Y todo eso te hace enojar.

En ese trayecto, te has sentido muy mal por todo eso que estás viviendo, y lo has repetido una y otra vez. Te sientes enojado, frustrado, poco apreciado, en riesgo, impotente y triste, por mencionar algunas de las emociones negativas más comunes. Sientes una presión en el pecho, un nudo en la garganta, y un deseo de abandonarlo todo, de desaparecer, de desvanecerte. Deseas que todo eso que estás viviendo sea tan solo un mal sueño, uno del cual estás a punto de despertar, pero, no es así. Esa es tu vida, y en ella, la estás pasando mal.

Invertiste esos 45 minutos que te tomó llegar de tu casa a la oficina, repasando en tu mente una y otra vez todo el infierno que estás viviendo. ¿Cuántas veces crees que repasaste esos eventos dolorosos durante aquellos 45 minutos? ¿Diez veces? ¿Cien veces? ¿Perdiste la cuenta? Pues, si has experimentado algo así, entonces ya tienes muy claro lo que son los pensamientos negativos recurrentes o pensamientos rumiantes.

Rumiar es un verbo que significa "*masticar por segunda vez, volviéndolo a la boca, el alimento que ya estuvo en el depósito que a ese efecto tienen algunos animales*" (Real Academia Española, s.f.). Pero, en psicología, se conoce como rumiación a ese proceso mental que hacemos los seres humanos de repasar una y otra vez el mismo pensamiento, producto de nuestra preocupación por el pasado, presente o futuro. Es decir, a nivel mental repasamos una y otra vez los mismos pensamientos, pero no en una actitud reflexiva que lleva implícita la intención de aprender de esa situación, de encontrar una solución o una alternativa a ella, sino enfocados en lo negativo, en lo mal que nos fue o que nos podría ir, o en los problemas o pérdidas que tuvimos.

Es entonces cuando entramos en una especie de círculo vicioso en el que revivimos una y otra vez aquel episodio que tanto daño nos hizo, o nos imaginamos recurrentemente escenarios catastróficos que podrían ocurrir, aunque no sean reales o posibles. Así tenemos entonces que la rumiación es la repetición continua de pensamientos negativos y repetitivos sobre preocupaciones actuales, problemas existentes o inexistentes, experiencias pasadas dolorosas o preocupaciones sobre incertidumbres del futuro.

Es difícil determinar si todo ser humano tiene o ha tenido pensamientos rumiantes en su vida, pero es probable que así sea. Al menos, eso concluyo a través de mi propia experiencia, en la que me encuentro con que todos a mi alrededor han experimentado este fenómeno, solo que en distintos grados de intensidad.

El problema de estar dando vueltas en la cabeza una y otra vez a un mismo pensamiento es que eso nos puede llevar a tener que enfrentar trastornos psicológicos más severos, como ansiedad, depresión o trastorno obsesivo-compulsivo, entre otros. Es por ello que ahora vamos a revisar cuáles son esas señales que nos indican que estamos experimentando pensamientos negativos recurrentes.

Cómo identificar los patrones de pensamiento rumiantes en tu vida diaria

Antes de iniciar, quisiera hacer una aclaración en lo que respecta a los pensamientos recurrentes, que es bien sabida por los expertos del tema. Podemos experimentar pensamientos recurrentes de manera voluntaria con el fin de reflexionar, analizar y llegar a posibles soluciones y conclusiones sobre algún tema en particular. En este caso, no podemos considerar a estos pensamientos recurrentes como negativos, ya que nos permiten avanzar y llegar a conclusiones y soluciones. La rumiación se considera negativa cuando la evaluación que hace la persona de la situación que origina el pensamiento es, en su mayoría, negativa.

Los pensamientos recurrentes que vamos a tratar a lo largo de estas páginas son aquellos que generan emociones negativas como preocupación, miedo, angustia, tristeza, dolor, drama, soledad, vacío, y hastío, entre otras. Son estos pensamientos recurrentes los que, al no ser entendidos y atendidos de manera adecuada y oportuna, podrían degenerar en patologías más severas como ansiedad, depresión o trastornos obsesivos-compulsivos (TOC). Es por ello que ahora vamos a repasar algunas de sus características más visibles para que puedas identificarlos a tiempo.

Una de sus características más notorias es que los pensamientos negativos recurrentes se manejan bajo ciertos patrones. Unos **patrones de pensamiento** que, cuando son poco realistas, se les considera distorsiones cognitivas. Estos serían básicamente errores de pensamiento. Un ejemplo podría ser el de la persona que al llegar a cualquier lugar piensa que todo el mundo la está observando y se está burlando de ella. Ese podría ser un pensamiento repetitivo y poco realista que no se ajusta con la realidad. Otro ejemplo podría ser el de la persona que siempre piensa que se va a equivocar o que siempre le va a ocurrir algo malo.

Por supuesto, patrones de pensamientos como los anteriormente señalados desencadenan emociones negativas tales como angustia, preocupación, miedo o tristeza, entre otras, por lo que esas mismas emociones operan como **retroalimentación negativa** para esos pensamientos, lo que vendría a ser otra de las características de los pensamientos negativos recurrentes. Si piensas, por ejemplo, en que te podrías enfermar en el futuro, ese pensamiento te genera miedo a enfermarte, lo que alimentará más aún ese pensamiento, entrando así en un círculo vicioso. Así, entrarás en una especie de bucle del que cada vez te será más difícil salir, y que podría derivar, si no lo detienes a tiempo, en otras patologías como ansiedad, depresión y trastornos obsesivos-compulsivos, como ya te he explicado.

Por otra parte, emociones negativas como el miedo activan tu instinto de supervivencia. Esto es algo que traes ya programado y que explicaré con detalle más adelante. Sin embargo, lo importante ahora es entender que el miedo es el estímulo que tu cerebro necesita para activar su función de supervivencia. Es decir, tu cerebro tratará de mantenerte vivo. Esto lo hará a través de su propia química: **activará su sistema de alerta**, lo que iniciará la generación de neurotransmisores, hormonas y demás químicos involucrados con el objetivo de preparar a tu cuerpo para enfrentar una situación de peligro. El problema aquí es que no existe una situación de peligro real, sino que todo está en tu mente. Pero, una vez que se activa tu sistema de alerta, el cuerpo pasa a operar de manera automática en modo de supervivencia. Y, al hacerlo, aumentará tus síntomas de ansiedad.

Cuando se presentan pensamientos negativos recurrentes, la atención tiende a desviarse solo hacia el aspecto negativo de la situación, pasando por alto aspectos positivos, ventajas y ganancias que esa situación podría traer, lo que se conoce como **atención selectiva hacia lo negativo**. Así mismo, estos pensamientos negativos recurrentes podrían alterar tu conducta, llevándote a **desarrollar comportamientos compulsivos** difíciles de evitar, como lavarte las manos a cada instante. Y estas son otras dos señales que delatan a los pensamientos negativos recurrentes.

Escala para medir el pensamiento rumiante.

Ahora que ya sabes qué son los pensamientos negativos recurrentes o rumiantes, y cómo identificarlos, te voy a mostrar algunas maneras que la ciencia ha determinado para medirlo. Estas son herramientas que utilizan los científicos en sus estudios, y que coloco aquí de manera referencial, tan solo para que sepas que existen, y que de ahí han salido algunas conclusiones en lo que respecta a los pensamientos rumiantes.

Estilos de respuesta de Nolen-Hoeksema

Voy a comenzar por la herramienta más conocida en términos de investigación científica, una propuesta en el año 1991 por Susan Nolen-Hoeksema, quien propuso una teoría en la que explica cómo las personas responden de manera emocional a eventos estresantes.

En su modelo, la investigadora separa estas respuestas en tres categorías: distractores, activos y rumiantes.

Los **distractores** serían aquellas personas cuya respuesta emocional se basa en la evasión. Es decir, son quienes buscan evadir el problema distrayéndose de alguna manera. Los **activos**, por su parte, se enfocan más bien en la identificación de las causas con el fin de encontrar una solución permanente. Mientras que los **rumiantes** se enfocan casi de manera exclusiva en sus síntomas, o en las posibles causas y consecuencias de dichos síntomas, y no en las soluciones o alternativas, por lo que sufrirán durante más tiempo y con más intensidad los efectos del estado de ánimo depresivo (Nolen-Hoeksema, 1991).

Para identificar la tendencia a rumiar, existe una escala que evalúa la tendencia a tener pensamientos recurrentes acerca de la situación negativa experimentada, o de sus causas y consecuencias, y cuyo nombre es "**Escala de Respuestas Rumiativas (RRS)**". Esta escala evalúa la presencia del estilo de respuesta rumiante en las personas, un patrón de respuesta que consiste en una excesiva focalización en las causas y consecuencias de los síntomas, por lo que este estilo ha sido asociado a una mayor probabilidad de desarrollar sintomatología depresiva y ansiosa.

Este cuestionario es, en esencia, bastante sencillo, y consta de 22 preguntas ordenadas de manera aleatoria y que permiten a los investigadores establecer un patrón de conducta en los sujetos investigados. A continuación, podrás ver en qué consiste el cuestionario, cuáles son las preguntas y cómo debe responderse.

Escala de Respuestas Rumiativas (RRS)

Las personas piensan y hacen distintas cosas cuando se sienten tristes, deprimidas o abatidas. Por favor, lee cada una de las frases a continuación y rodea con un círculo si "casi nunca", "algunas veces", "a menudo" o "casi siempre" piensas o actúas de esa manera cuando estás abatido, triste o deprimido.

Por favor, indica lo que generalmente haces, y no lo que crees que deberías hacer.

1 = Casi nunca 2 = Algunas veces 3 = A menudo 4 = Casi siempre

1. Piensas en lo solo/a que te sientes: _________
2. Piensas "no seré capaz de hacer mi trabajo/tarea si no soy capaz de quitarme esto de encima": _________
3. Piensas en tus sensaciones de fatiga y molestias: _________
4. Piensas en lo duro que te resulta concentrarte: _________
5. Piensas: «¿Qué he hecho yo para merecerme esto? _________
6. Piensas en lo pasivo/a y desmotivado/a que te sientes: _________
7. Analizas los sucesos recientes para entender por qué estás deprimido: _________
8. Piensas acerca de cómo pareces no sentir ya nada: _________
9. Piensas "¿Por qué no puedo conseguir hacer las cosas?": _________
10. Piensas "¿Por qué siempre reacciono de esta forma?": _________
11. Te vas por ahí solo/a y piensas en por qué te sientes así: _________
12. Escribes lo que estás pensando y lo analizas: _________
13. Piensas acerca de una situación reciente, anhelando que hubiera ido mejor: _________
14. Piensas: "no seré capaz de concentrarme si continúo sintiéndome de esta manera": _________

15. Piensas "¿Por qué tengo problemas que el resto de las personas no tienen?": ________

16. Piensas: "¿Por qué no puedo controlar las cosas mejor?": ________

17. Piensas en lo triste que te sientes: ________

18. Piensas sobre todos tus defectos, debilidades, fallos y equivocaciones: ________

19. Piensas sobre cómo no te apetece hacer nada: ________

20. Analizas tu forma de ser para intentar comprender por qué estás deprimido/a: ________

21. Te vas solo/a a algún sitio para pensar sobre cómo te sientes: ________

22. Piensas en cómo estás de irritado contigo mismo/a: ________

Cuestionario de pensamiento perseverante (PTQ)

El cuestionario (PTQ) es una medida del pensamiento negativo repetitivo, que surge como respuesta al descubrimiento de que el pensamiento negativo recurrente está implicado en el mantenimiento de varios tipos de problemas emocionales, lo que sugiere que es un proceso transdiagnóstico. Es decir, que es un proceso común a varios diagnósticos.

El cuestionario fue desarrollado con el propósito de incluir tres características centrales del pensamiento negativo repetitivo: recurrencia, intrusión y dificultades para desengancharse, así como dos características asociadas: improductividad y captura de la capacidad mental.

Como en el caso del cuestionario anterior, este cuestionario consta de un grupo de quince preguntas, que deben ser respondidas en términos de frecuencia: 0 para "nunca", 1 para "casi nunca", 2 para "a veces", 3 para "a menudo" y 4 para "casi siempre". A continuación, encontrarás un modelo de este cuestionario.

Instrucciones: En este cuestionario, se le pedirá que describa cómo piensa *habitualmente* acerca de las experiencias o los problemas negativos. Lea las siguientes afirmaciones y evalúe en qué medida se aplican a usted cuando piensa en experiencias o problemas negativos.

1. Los mismos pensamientos pasan por mi mente una y otra vez: __________
2. Los pensamientos se inmiscuyen en mi mente: __________
3. No puedo dejar de pensar en ellos: __________
4. Pienso en muchos problemas sin resolver ninguno: __________
5. No puedo hacer nada más mientras pienso en mis problemas: __________
6. Mis pensamientos se repiten: __________
7. Los pensamientos vienen a mi mente sin que yo lo desee: __________
8. Me estanco en ciertos temas y no puedo seguir adelante: __________
9. Sigo haciéndome preguntas sin encontrar respuesta: __________
10. Mis pensamientos me impiden concentrarme en otras cosas: __________
11. Sigo pensando en el mismo tema todo el tiempo: __________
12. Los pensamientos simplemente aparecen en mi mente: __________
13. Me siento impulsado a seguir pensando en el mismo tema: __________
14. Mis pensamientos no me ayudan mucho: __________

15. Mis pensamientos ocupan toda mi atención: __________

Las raíces del pensamiento negativo recurrente

Los pensamientos intrusivos recurrentes tienen un origen que por lo general está asociado al desarrollo de una situación traumática o de mucho estrés en la persona que los experimenta. Todos, como seres humanos, tenemos una historia personal que inicia en nuestro entorno familiar. Es allí en donde empezamos a darle forma en nuestra mente al mundo en el que estamos, lo que tiene mucho peso a la hora de interpretar nuestra realidad.

En nuestras mentes vamos creando esquemas, patrones o paradigmas de cómo funciona el mundo y de cómo debería funcionar de acuerdo a nuestro entendimiento. Y eso es lo que determina en gran medida lo que para nosotros es “bueno” o “malo”. Gracias a eso es que tenemos una interpretación de la realidad. Cuando algo no se ajusta a nuestros esquemas mentales, lo juzgamos como algo “malo”, “negativo” o “perjudicial”; mientras que, si ese algo se ajusta a ellos, entonces eso es para nosotros algo “bueno”, “positivo” o “beneficioso”. Y es a partir de allí que parten nuestros traumas y nuestro estrés.

La ruptura repentina de una relación de pareja que para nosotros era buena y que estaba marchando bien de acuerdo con nuestros esquemas mentales, es un buen ejemplo a considerar. Si algo así nos ocurriera, lo consideraríamos una situación traumática, que nos haría pensar y repensar en qué fue lo que ocurrió, qué fue lo que hicimos mal, por qué esa persona decidió terminar la relación tan repentinamente y cómo haríamos para seguir adelante sin esa persona.

Eso nos ofrecería un terreno fértil para que nuestra mente empezara a repetir patrones de pensamientos negativos recurrentes: "*¿Por qué me tuvo que pasar esto a mí?*"; "*¿Qué hice mal?*"; "*Yo no merecía esto*". Y, ya iniciado este ciclo de victimización y de rumiación de tal circunstancia, el tiempo se encargará de repasar eso una y otra vez, trayéndonos consecuencias no solo a nivel mental y emocional, sino a nivel físico, que es de lo que te hablaré a continuación.

Efectos del pensamiento excesivo en la salud mental y física

Este proceso de pensamientos negativos recurrentes puede generarte serios problemas a nivel físico. Pero, para que puedas entender mejor el impacto que los pensamientos rumiantes generan en tu cuerpo, tengo antes que explicarte la teoría del cerebro triuno, una teoría neurobiológica propuesta por Paul D. MacLean en la década de 1960.

"MacLean (1913-2007) fue un médico y neurocientífico del siglo XX. Sus principales contribuciones científicas giran alrededor del sistema límbico y la creación de un nuevo modelo cerebral: el cerebro triuno o triúnico. Sus ideas gozaron de mucha influencia en disciplinas como la biología evolutiva, neuroetología, neurociencia clínica, neurología, psiquiatría, psicología y en varias ciencias sociales. Para 1952, definió y amplió la idea que se tenía del sistema límbico, basándose en lo que Paul Broca descubrió en 1878: el "lóbulo límbico", una estructura presente en el cerebro mamífero. Cabe destacar que tenía una perspectiva histórico-evolutiva que lo llevaba a comparar entre especies animales muy diferentes evolutivamente" (Silva-Barragán & Ramos-Galarza, 2020).

En su teoría, MacLean propone que el cerebro humano posee tres formaciones que pueden considerarse como cerebros independientes, cada uno de ellos con funciones específicas desarrolladas durante su evolución. Estos tres cerebros él los nombra como: cerebro reptiliano, cerebro límbico y neocórtex.

De estas tres formaciones, el **cerebro reptiliano** sería la más antigua y primitiva, y tiene entre sus funciones regular el ritmo cardíaco, la temperatura corporal, los ritmos respiratorios, y todas aquellas funciones que nos permiten mantener el cuerpo humano vivo sin que tengamos consciencia de ello. Esta parte del cerebro comprende los ganglios basales, el tronco cerebral y la médula espinal. El cerebro reptiliano comprende una red neuronal que se encarga de asegurar nuestra supervivencia: controla los latidos cardíacos, respiración, deglución y reflejos de retirada. No olvidemos que esto sucede sin que tengamos conciencia de ello, ya que son procesos totalmente automáticos que responden a nuestro sistema nervioso autónomo. (Silva-Barragán & Ramos-Galarza, 2020).

Luego, tenemos el **cerebro límbico**, también conocido como cerebro mamífero, que en los animales representa el paso o transición de reptil a mamífero, y que se encarga de gestionar conductas, como la maternal, la comunicación audio-vocal, y el comportamiento de juego. En el ser humano, este cerebro está relacionado con la gestión de las emociones. Se piensa que el cerebro mamífero podría estar involucrado en los sentimientos de convicción asociados a nuestras creencias y lo que asumimos como real, verdadero e importante. También se cree que es necesario para mantener el sentido de identidad personal, memorizar y conjugar la experiencia interna y externa de lo que vivimos en el momento

(Silva-Barragán & Ramos-Galarza, 2020).

Por último, tenemos la tercera formación o **neocórtex**, que vendría a ser nuestro "cerebro más nuevo", siendo esta la estructura más avanzada del cerebro, responsable de las funciones cognitivas complejas tales como el pensamiento abstracto, el lenguaje, la lectura, la escritura y el cálculo. Comprende la corteza cerebral, así como los sistemas sensoriales, que juntos, nos ayudan a diferenciar y discriminar lo que sucede en nuestro entorno.

Esta explicación es importante para entender el impacto que los pensamientos negativos recurrentes tienen en nuestro organismo, haciendo énfasis en que su connotación es negativa, lo que nos hace evocar emociones como el miedo, angustia, rabia, frustración e impotencia, muchas de las cuales son derivadas del miedo. Y, de acuerdo a la teoría del cerebro triuno, cuando sentimos miedo, es nuestro cerebro reptil el que toma control de la situación, actuando de manera automática, bajo la coordinación de nuestro sistema nervioso autónomo.

En pocas palabras, ante la emoción del miedo o de cualquiera de sus derivados, nuestros cuerpos entran en modo "autómata", segregando hormonas como el cortisol, la hormona del estrés, lo que coloca a nuestro cuerpo en modo de supervivencia. Y eso es perfecto en situaciones de peligro real. Pero, ¿qué pasa cuando tu mente está repasando de manera recurrente un escenario que fue traumático y doloroso para ti? Tu cuerpo, que no entiende si lo que hay en tu mente es real o imaginario, funciona de acuerdo a la emoción que estás experimentando. ¿Miedo? Tus glándulas generarán cortisol, adrenalina y otras hormonas; tu visión se enfocará en encontrar una salida para poder huir; tu sangre se distribuirá hacia tus extremidades para que puedas correr o defenderte; tu digestión y tu sistema inmunológico se detendrán. Y todo eso lo experimentarás cada vez que repitas el ciclo del pensamiento negativo recurrente que te da miedo. ¿Te das cuenta del impacto que eso tiene para tu cuerpo? Si la situación que recreas en tu mente te genera miedo, estarás bombardeando repetidamente tu cuerpo de cortisol y adrenalina, lo que te llevará a experimentar estrés crónico, y agotamiento físico, entre otros efectos.

Por otra parte, si continuamente estás apagando tu sistema inmunológico como consecuencia de pensamientos negativos recurrentes y de las emociones que estos te hacen experimentar, te vas a hacer cada vez más vulnerable al efecto negativo de virus y bacterias. Además, si tu sistema digestivo se ve interrumpido a cada instante como consecuencia de tus pensamientos negativos recurrentes, te harás más propenso a desarrollar problemas digestivos.

El cuerpo humano es un mecanismo sumamente complejo y eficiente, en el que cada parte está relacionada de alguna manera con el resto. Por eso, cuando tu mente se sale de control, puede llegar a jugar en su contra, ya que este, como te he dicho anteriormente, no está en capacidad de diferenciar lo real de lo imaginario. Para tu cuerpo, todo lo que piensas es real, y actuará en consecuencia.

Cómo las ideas recurrentes afectan a tu vida diaria

Ya que te he señalado de manera resumida cómo los pensamientos negativos recurrentes pueden llegar a causar impactos negativos en tu cuerpo, ahora deseo mostrarte cómo este tipo de pensamientos puede llegar a afectar tus relaciones interpersonales.

Si, por ejemplo, tienes un pensamiento negativo recurrente sobre una posible enfermedad, el hecho de que tu mente esté constantemente pensando en ello hace que no puedas direccionar tu atención a otra cosa que no sea eso, lo que quedará en evidencia a través de tu comportamiento. Entonces, las personas a tu alrededor se verán fastidiadas por tu obsesión de querer hablar de tu posible enfermedad, lo que podría hacer que, eventualmente, se alejen de ti.

Otro ejemplo sería el de aquella persona que, al finalizar una relación, no acepta que la otra persona ya no quiera estar más con ella, generando así pensamientos negativos recurrentes de rechazo o de conflicto, lo que podría hacerla sentirse ofendida, y podría llevarla a querer desarrollar acciones de venganza en contra de la persona que para ella la ha abandonado, haciendo imposible el poder mantener una relación amistosa con esa persona.

Así mismo, otro efecto que puede causar los pensamientos negativos recurrentes, y de lo cual puedo hablar con conocimiento, ya que yo mismo lo he experimentado, es que te pueden alejar de las personas que amas, y que te podrían ayudar. Al estar continuamente recreando ese pensamiento en tu mente, te retraes y tiendes a evitar compartir con otras personas, lo que definitivamente va a afectar tu vida social.

Tú puedes ser el programador de tu mente

Ahora bien, todo esto que te he explicado sobre los pensamientos negativos recurrentes solo es posible porque estamos tan identificados con nuestras mentes, que no podemos diferenciarla de nosotros mismos. Y ese es uno de los grandes objetivos que me he propuesto al brindarte estas técnicas y este conocimiento. Quiero que entiendas que tú no eres tu mente, sino que tu mente es como un software, un programa que corre en tu cerebro, que ha sido programado, y que se puede reprogramar para correr sus programas de manera diferente, o para reemplazarlos por otros programas.

Tú puedes pasar de ser el operador de tu mente, a ser su programador. Y lo que necesitas es, en primera instancia, darte cuenta de eso. Y, luego, tomar acciones para entender cómo funcionan tu cerebro y tu mente, de manera que puedas sacar el mejor provecho de ellos.

Ejercicio práctico

Tú no eres tu mente. Tú eres quien posee una mente, y quien la utiliza como una herramienta para desenvolverse en el mundo físico. Si quieres estar seguro de que lo que te digo es verdad, te propongo que hagas este sencillo ejercicio.

1. Ubica un lugar que sea cómodo para ti, en el que puedas estar solo y no ser interrumpido.

2. Siéntate en una posición cómoda, con tu espada recta, ya sea en una silla, en tu cama, en el suelo o sobre un cojín.

3. Coloca tus manos sobre tus muslos, y cierra tus ojos.
Inspira profundamente. Luego, exhala. Repite este paso hasta que empieces a sentirte relajado. Coloca tu atención en tu respiración mientras lo haces. Siente cómo el aíre entra a través de tus fosas nasales, llega a tus pulmones, y luego sale.

4. Cuando ya te sientas relajado, libera tu mente. Permítele sintonizar pensamientos libremente, y dedícate a contar cuántos pensamientos

diferentes van llegando a ella. No trates de controlar lo que piensas. No juzgues los pensamientos. Tu única misión en este momento es, contabilizar los pensamientos que sintonizas.

5. Cuando lo creas conveniente, detén el conteo, inspira profundamente, exhala, y abre tus ojos.

¿Cuántos pensamientos diferentes contabilizaste? ¿Uno? ¿Cinco? ¿Diez? ¿Más de veinte? ¿Cuántos fueron? Te invito a que reflexiones sobre esto: mientras hacías este ejercicio, ¿quién estaba pensando? ¿Quién estaba observando lo que pensabas? ¿Quién llevaba la cuenta?

No eres tu mente. Eres quien posee una mente. La mente es tu herramienta, siempre que seas consciente de que eso es. Porque, corres el riesgo de identificarte tanto con ella, que puedes llegar a creer que tú eres tu mente. Y si así fuera, ¿cómo podrías darte cuenta de cuáles son los pensamientos que tú originas y cuáles los que llegan a tu mente sin que tú participes?

Parte II. ¿Por dónde debo empezar?

Ahora que ya hemos establecido claramente en qué consisten los pensamientos negativos recurrentes o pensamientos rumiantes, cómo identificarlos, y cuáles son los efectos que traen a nuestras vidas tanto en lo físico como en nuestras relaciones, es momento de analizar qué podemos hacer para enfrentar este problema.

Me gustaría asumir que el primer paso en esta dirección ya lo has dado. Ese paso es, entender que **tú no eres tu mente, sino quien posee una mente**. Porque, con ese entendimiento, te será más fácil encontrar la mejor manera de enfrentarlos para detener ese proceso de rumiación mental que consume tu tiempo, tu energía y parte de tu vida.

Se trata aquí de que aprendas a detectar tus propias emociones y pensamientos, frutos de tu propia historia y de los entornos en los que te has desenvuelto, para que puedas decidir con total consciencia qué hacer cuando aparecen estos pensamientos negativos recurrentes. Tienes que tomar el control de tu mente para que así puedas tomar el control de tu vida. Pero, ese control no será posible a menos que **aprendas a ser un observador de lo que ocurre en tu mente.**

Cuando te conviertes en el observador de lo que allí ocurre, empiezas a trascender esos pensamientos y emociones que hasta ahora han tomado el control de tu vida, y comienzas a tomar decisiones con consciencia de lo que estás haciendo, de por qué lo estás haciendo, y de lo que obtendrás por hacerlo, dando prioridad a aquello que es verdaderamente importante y valioso en tu vida.

Convertirte en ese observador de tus procesos mentales es un objetivo que va a requerir de tu parte esfuerzo, voluntad y amor por ti. Pero, te aseguro que todo el esfuerzo, voluntad y amor que requieras no se compara con la paz que vas a adquirir al tomar el control de tu mente. Y, para ello, te voy a compartir aquí algunas prácticas que te van a ayudar a alcanzar ese objetivo.

Capítulo 2. Detener los pensamientos negativos recurrentes en su origen

Quiero iniciar este capítulo invitándote a hacer una reflexión: ¿Estás presente en tu vida? ¿Lo has estado? ¿Cómo lo sabes? ¿Qué significa estar presente en tu vida? ¿Entiendes esa pregunta? ¿Puedes responderla?

Estas son muchas preguntas que parecen abstractas y sin sentido, pero que no lo son. Tienen todo el sentido del mundo cuando empiezas a entender cómo funciona tu mente. Una persona común, que no haya invertido mucho tiempo en reflexionar al respecto, podría responder a las preguntas anteriores de la siguiente manera: "*por supuesto que estoy presente en mi vida. ¿Cómo podría no estarlo? Lo sé, porque mi cuerpo está ahí. No puedo separarme de mi cuerpo.*". Pero, la realidad es que son relativamente pocas las personas que en este momento podrían afirmar con consciencia que están presentes en sus vidas. Porque, la presencia no es solo cuestión de estar en cuerpo presente, sino de colocar tu atención en el momento presente.

Donde está tu atención, allí estás tú. Si estás en tu casa cenando con tu pareja y con tus hijos, pero tu atención está puesta en el trabajo, y en lo que tendrás que hacer mañana, aunque tu cuerpo esté presente, tú no estás allí. Y eso es algo que nos pasa con más frecuencia de la que nos gusta admitir. Porque, nuestras mentes suelen moverse con gran facilidad al pasado y al futuro, pero tal parece que les cuesta mucho trabajo quedarse en el momento presente.

Si tu atención estuviera puesta en lo que alguien más te hizo o dejó de hacer por ti o para ti, tu atención estaría puesta en el pasado. Y si así fuera, allí estarías tú, en el pasado, por lo que te estarías perdiendo de todo lo que está ocurriendo en tu vida en el presente. Entonces, en este escenario, ¿estarías presente en tu vida? No lo estarías. Tu cuerpo estaría allí, pero tú estarías distraído con lo que tu mente te estaría mostrando, por lo que en realidad estarías en tu pasado. ¿Te das cuenta de la diferencia?

Pues, si te identificas con esa situación, no tienes por qué preocuparte. Lo que sí tienes que hacer es ocuparte. Y aquí te voy a compartir dos herramientas que son excelentes para aprender a estar en el tiempo presente: la meditación y el *mindfulness*. Te voy a hablar de cada una de ellas.

Meditación

Meditar es un verbo que ha sido usado a lo largo de la historia que conocemos por muchas culturas y religiones, por lo que podría significar algo diferente para cada persona, dependiendo de su origen y formación. Así que te aclaro que aquí usaré ese verbo de acuerdo al significado que se le otorga en el diccionario de la Real Academia Española: "*Práctica mental y corporal dirigida a alcanzar un estado de relajación y plena concentración*" (Real Academia Española, s.f.).

Técnicas para meditar podrás encontrar muchísimas, empezando por la **respiración consciente**, que es una técnica en la que colocas tu atención en tu propio proceso de respiración, en cómo entra y sale el aire de tus pulmones. Además de ayudar a relajarte y a reparar todos los sistemas de tu cuerpo, esta técnica te permite permanecer en el momento presente, en el aquí y en el ahora, lo que es en sí una manera de meditar. La respiración consciente consiste en hacer respiraciones diafragmáticas profundas, las cuales te explicaré con detalle en qué consisten más adelante.

Otra técnica utilizada es la **contemplación de la naturaleza**, que trata de fijar tu atención en algo. En este caso, en las imágenes y sonidos naturales de los paisajes, lo que te puede llevar a tranquilizarte y relajarte muy rápidamente. Puedes decidir colocar tu atención en los colores, texturas, olores, sonidos o formas de la naturaleza, observándolas de manera desapegada, tan solo admirando su belleza. Te puedo decir por experiencia que esta forma de meditación a través de la contemplación es algo sumamente impresionante, porque te saca del futuro y del pasado, y te conecta con la naturaleza, lo que representa un valor agregado.

Existen también otras formas de meditación, como los **mudras**, que son figuras que realizas con las manos, y que activan ciertos puntos de energía, así como transmiten mensajes a tu subconsciente; están también los **mantras**, que son sonidos que emites vocalizando, ya sea hablando o cantando, que son como especies de oraciones para conectar con tu subconsciente o con la divinidad, según tu propio punto de vista.

Si te preocupan las connotaciones religiosas de estas prácticas, piensa que puedes eliminarlas por completo de ellas y, aun así, siguen funcionando como lo necesitamos. Los mudras, asociados tradicionalmente al budismo e hinduismo, no son más que un gesto o una posición, mientras que los mantras es algo que repites, y en lo que crees. Un mantra puede ser "Ama al prójimo como a ti mismo", una frase muy repetida en el cristianismo, o también podría ser

"Elimina la toxicidad de tu vida", una frase completamente inventada por ti. Lo realmente importante es que creas en aquello que estás diciendo, ya que, con la suficiente práctica y repetición, te sitúa automáticamente en un estado mental propicio para cumplir esa norma sin tener que pensar en ello. Un mudra funciona de manera similar: si induces ese estado en ti, de forma artificial mientras practicas un mudra (posiblemente, a través de la repetición de un mantra), no importa si lo has acuñado tú mismo, utilizar ese gesto inducirá ese estado mental en ti.

Contamos también con el ***mindfulness***, que podríamos traducir como atención plena, que trata de estar de manera consciente en el momento presente, y que voy a desarrollar un poco más a continuación, porque creo que es la meditación que mejor contribuye a desvanecer los pensamientos negativos recurrentes.

Mindfulness

El *mindfulness* está muy asociado al budismo, y a una de sus prácticas llamada *Vipassana*, aunque hay expertos en el tema que consideran que su origen es incluso anterior al budismo. Se cree que su origen se remonta a alrededor de 2700 años atrás, lo que implica que es una práctica más antigua que el mismo Buda (Siddhartha Gautama), según algunos autores conocedores del tema.

Mindfulness es un componente utilizado en el campo de la psicología, que se sustenta en la meditación para mantener la atención plena y la conciencia en el momento presente, lo que contribuye significativamente a reducir los pensamientos negativos recurrentes o rumiantes. Esta es una práctica que consiste en prestar atención al momento presente, de manera deliberada, y sin juzgar lo que ocurre.

Ya te he hablado de las ciencias neurológicas, que son el conjunto de ciencias que estudian el cerebro, el sistema nervioso y su funcionamiento. Pues, la neurología ha puesto su mirada en el *mindfulness*, realizando trabajos de investigaciones relevantes en neurociencia cognitiva de esta práctica, los cuales podemos diferenciar en tres diferentes áreas: cambios diferenciales en la actividad de la red por defecto debidas a la práctica del *mindfulness*; cambios funcionales o estructurales de la red atencional; y cambios funcionales o estructurales de la red fronto-límbica y la amígdala, relacionados con la regulación emocional (Castellanos, 2022).

"La neurociencia del mindfulness aporta un conocimiento más detallado de la activación cerebral basal, sobre la regulación de la atención y los mecanismos por los que se produce, sobre las emociones y también la autorreferencia. Este campo es muy amplio y son muchas las líneas de investigación que se dedican a comprender el mindfulness a través de los mecanismos subyacentes en el cerebro" (Castellanos, 2022).

Para la neurociencia, el mindfulness tiene tres acepciones bien diferenciadas:
"En primer lugar, mindfulness se refiere a todas las prácticas que se desarrollan siguiendo un sistema dado para ejercitar nuestra capacidad de atención o desarrollar cualidades relacionadas con la afectividad, como la ecuanimidad. Las prácticas de mindfulness están englobadas en un conjunto más grande de prácticas, comúnmente llamadas prácticas de meditación o contemplación. En segundo lugar, mindfulness se refiere a un movimiento reciente, que debe su expansión a la creación de un programa utilizado

principalmente para el alivio de los síntomas del estrés y utiliza prácticas que ya fueron desarrolladas y perfeccionadas en la tradición budista o yóguica, aunque recontextualizadas en un ámbito académico y clínico. Por último, mindfulness puede ser un constructo psicológico, normalmente cuantificado mediante cuestionarios autoinformados. Se ha creado todo un espectro de constructos con diferentes causas que han tenido mayor o menor aceptación. Quizá uno de los más sintéticos fue propuesto por Shapiro et al, quienes analizaban este constructo en componentes atencionales, motivacionales y afectivos. Así pues, ***mindfulness es un tipo de atención que se desarrolla en un individuo consciente de su propia función atencional, que se enfoca de forma voluntaria en el presente y que no juzga o reacciona ante su experiencia sensorial o su forma de interpretar la realidad (esto es llamado "descentramiento")****."* (Castellanos, 2022).

La neurociencia ha encontrado que la práctica de *mindfulness* trae beneficios en tres áreas diferentes: En primer lugar, genera una **sensación de bienestar**, porque existe en el cerebro un área que fue descrita por Marcus Raichle como “la red por defecto”, una especie de red de regiones cerebrales que están más activas durante los períodos de “reposo”. Es decir, que son áreas del cerebro que reducen su actividad mientras se realiza una tarea de manera consciente. Y la neurociencia ha descubierto que es en estas áreas en las que ocurren procesos mentales como la planificación de un futuro, la vivencia de memorias, la experiencia de sensaciones, la escenificación de hipotéticos escenarios donde somos el actor protagonista y que tiene mucho diálogo interior de contenido autobiográfico.

Todos estos procesos, que ocurren de forma espontánea y

rápidamente cambiante, vendrían a ser el equivalente de una mente divagante, una mente que vive en un estado de ensoñación. Y resulta que hay estudios que han establecido que la mayoría de las personas nos la pasamos en dicho estado aproximadamente el 47% de nuestro tiempo.

Así mismo, la neurociencia ha determinado una correlación entre los estados de infelicidad percibidos con una actividad elevada en esta red por defecto, lo que los ha llevado a deducir que una disminución en la actividad de la red por defecto debería contribuir al bienestar de una persona. Y es aquí donde entra a jugar un papel relevante la práctica del *mindfulness*. La neurociencia ha demostrado que la práctica de la meditación reduce la actividad de la red por defecto, lo que implica una disminución en el ajetreo mental y una mejora en la satisfacción subjetiva percibida, lo que redunda en una mejora en la sensación de bienestar, que además es mantenida en el tiempo, y no solo en el tiempo de práctica de la meditación (Castellanos, 2022).

En segundo lugar, tenemos beneficios en lo que respecta a la **regulación de la atención**. Gracias a un experimento realizado en función de la atención a la respiración, la ciencia ha podido describir el proceso de control y reordenación de la atención, en la que han encontrado cuatro fases bien diferenciadas:

Distracción: que es el momento en el que la persona está absorto en ensoñaciones y ajeno a la tarea de fijar su atención en las sensaciones de la respiración, y cuando la red por defecto incrementa su actividad.

Toma de conciencia: que es el momento en el que la persona se da cuenta de la distracción.

Reorientación de la conciencia: al darse cuenta de la distracción, en

ese momento ocurre una identificación de la tarea que se va a realizar, instante que involucra a la corteza prefrontal dorsolateral y las áreas parietales de proyección de la memoria.
Atención: por último, la persona vuelve a ejecutar la tarea que se le había encomendado, que es, prestar atención a las sensaciones de la respiración.

La neurociencia ha observado que la práctica de la meditación permite al practicante disminuir las distracciones, así como regresar su atención a la tarea original de manera más rápida y con menor cantidad de interrupciones. Por eso, se considera que el *mindfulness* puede mejorar el control de la atención (Castellanos, 2022).

El tercer beneficio colateral de la práctica de *mindfulness* es la **regulación de las emociones**. Sus beneficios han sido ampliamente estudiados, y se pueden resumir en cuatro áreas:

- Mayor recuperación del estado basal, o estado previo, después de un estímulo desagradable.
- Mejora en la expresión de las emociones.
- Mejora del estado de ánimo.
- Mejora de la creatividad.

El proceso de la respiración

Sé que estás esperando que te diga cómo empezar a hacer mindfulness, pero antes, es necesario que te explique un poco cómo respiramos, ya que vas a necesitar entender esto antes de ir a la práctica. Así que ahora voy a explicarte en qué consisten la respiración torácica y la respiración diafragmática.

La **respiración torácica** es aquella que, durante la inspiración, causa una expansión en la caja torácica, en el pecho, al tiempo que se elevan también las clavículas. Este es un tipo de respiración más superficial, ya que utiliza solo la parte superior de los pulmones, y que requiere un mayor esfuerzo muscular. Así mismo, precisa incrementar tu ritmo respiratorio para obtener mayor cantidad de oxígeno, ya que, al hacer más esfuerzo muscular, consume más oxígeno. Además, este tipo de respiración está asociada a una respuesta simpática, es decir, a una respuesta rápida y automática ante situaciones de estrés o peligro, por lo que es el tipo de respiración adecuado cuando estamos en el modo de supervivencia, que ya mencioné anteriormente.

Por otro lado, en la **respiración diafragmática**, el diafragma se expande hacia la cavidad abdominal, haciendo que la respiración sea mucho más profunda, ya que utilizamos nuestros pulmones a toda su capacidad. Esto trae como consecuencia que incorporemos mayores niveles de oxígeno en el cuerpo, ya que en la parte baja de los pulmones es donde hay más vasos sanguíneos por los cuales poder incorporar ese oxígeno. Este tipo de respiración requiere de muy poco esfuerzo muscular, por lo que consume menos oxígeno, lo que implica que necesitamos una cantidad menor de respiraciones que con la respiración torácica. Además, la respiración diafragmática está asociada al sistema parasimpático, que regula una gran variedad de funciones corporales en condición de descanso o recuperación, por lo que es el tipo de respiración adecuada cuando queremos relajarnos o descansar.

Así tenemos entonces que, la respiración torácica es ideal para situaciones de peligro o estrés, ya que está asociada al sistema simpático, mientras que la respiración diafragmática es ideal para cuando queremos descansar y relajarnos, ya que está asociada al sistema parasimpático. Pero, lo que normalmente ocurre es que respiramos de manera torácica casi siempre, por causa principalmente del estrés. Por tanto, aprender a respirar no es solo importante para controlar los pensamientos negativos recurrentes, sino para mantener un estado de salud óptimo.

Además de las respiraciones torácicas y diafragmáticas existen otras formas de respirar que se utilizan como herramientas de relajación y que pueden ser muy útiles, sobre todo cuando quieres controlar la ansiedad. Aquí te comparto algunas de ellas:

- **La respiración cuadrada o cuadrática**. Este tipo de respiración lleva por nombre *Box Breathing* en inglés, y es una técnica que consiste en realizar respiraciones lentas y profundas, y se utiliza principalmente para reducir los niveles de estrés, ya que se manifiesta como un poderoso calmante. Esta técnica puede ser practicada por cualquier persona, y es utilizada por atletas, e incluso, por personal militar.

- **Respiración 4-7-8 o respiración relajante.** Esta es una técnica que consiste en contar hasta 4 mientras inspiras, retener la respiración mientras cuentas hasta 7, y luego, contar hasta 8 mientras exhalas. Aplicando esta técnica puedes ayudara a reducir tus niveles de ansiedad, lo que te puede ayudar a dormir mejor, entre otros beneficios.

- **Respiración nasal alterna o Nadi Shodhana**. Procedente del Yoga, esta técnica forma parte de las seis técnicas de respiración descritas en el Pranayama, y que, según esta creencia, sirve para purificar los principales canales energéticos del cuerpo humano, asociados con cada una de las fosas nasales: la fosa nasal derecha correspondería al principio activo o *yang*, mientras que la fosa nasal izquierda correspondería al principio pasivo o *ying*. La técnica consiste en bloquear con el pulgar el orificio nasal derecho e inspirar por el izquierdo; luego, bloquea el orificio nasal izquierdo con tus dedos meñique y anular, y exhala por el orificio nasal derecho; seguidamente, inspira por el orificio nasal derecho, bloquea la fosa nasal con el pulgar, y exhala por el orificio nasal izquierdo; repite este ciclo por 10 veces, procurando que cada inhalación y exhalación duren al menos 4 segundos.

- **Respiración simhasana o respiración del león**. En esta técnica, se realiza una exhalación fuerte y sonora, junto con una expresión facial intensa, con la lengua extendida hacia afuera, y con los ojos tan abiertos como sea posible, como si estuvieras imitando el rugido de un león. Este tipo de respiración puede ser muy efectiva para relajar los músculos faciales, así como la tensión en el cuello. Así mismo, puede ser una herramienta muy efectiva para combatir la ansiedad, y como ejercicio de vocalización.

- **Respiración rítmica**. En esta técnica, el objetivo es llevar a un mismo ritmo tu respiración y tus pasos físicos. Para ello, debes lograr hacer que los pasos que vas dando coincidan con la velocidad de tu respiración. Puedes combinar esta técnica con el ejercicio de respiración con los labios fruncidos si te ayuda. Este tipo de respiración es muy útil cuando realizas una actividad física, por ejemplo, cuando sales a correr, cuando subes escaleras, o con cualquier tipo de actividad que te provoque falta de aire.

- **Respiración con los labios fruncidos**. Esta es una técnica que combina muy bien con la anterior, y que se puede utilizar cuando sientes que te falta el aliento. Consiste en inhalar lentamente, por la nariz, en dos tiempos, mientras sientes cómo tu vientre se ensancha en la medida en la que va entrando el aíre a tus pulmones. Acto seguido, frunce tus labios como si fueras a apagar una vela o a silbar, de manera que el flujo del aire que sale de tus pulmones se vea obstaculizado por tus labios. De esta manera, vas a exhalar lentamente, en cuatro tiempos o más, si fuera posible.

- **Respiración controlada.** Y ya para cerrar el tema de la respiración, algo que debes saber antes de practicar *mindfulness* es, en qué consiste la técnica de la **respiración controlada**, que es la última de las técnicas que te quiero mencionar. Esta es una técnica que te va a ayudar a reducir la activación fisiológica, y consiste en aprender a respirar de un modo pausado, aunque profundo, entre 8 y 12 respiraciones por minuto utilizando la respiración diafragmática, cuando lo normal es que hagamos entre 12 y 16 respiraciones por minuto mediante la respiración torácica. Este es el tipo de respiración que debes practicar al hacer *mindfulness*.

Como ves, hay muchísimas técnicas que puedes utilizar para tranquilizar tu mente y así puedas relajarte. Yo aquí te estoy proponiendo algunas que yo he probado y que sé que funcionan, pero sé que hay muchas más y que es solo cuestión de que te dediques a buscar información para que encuentres la que mejor efecto tiene en ti.

Ejercicio práctico

Ahora sí, ya que tienes un poco más claro en qué consiste el *mindfulness* y cuáles son sus beneficios, así como la técnica de respiración controlada, vamos a pasar a la práctica de *mindfulness* en el caso de que tengas pensamientos negativos recurrentes. Porque, si eres capaz de enfocar tu atención en lo que tú decidas, tendrás la batalla ganada con los pensamientos negativos recurrentes.

La práctica de *mindfulness* funciona como una especie de gimnasia mental, en la que vas a ir ejercitando tu atención de manera que la puedas direccionar a voluntad hacia donde desees. Pero, vas a empezar por lo básico, por tu propio cuerpo, y más específicamente, por tu respiración. Así que aquí te voy a compartir un procedimiento que es muy sencillo, y con el que podrías iniciarte en la práctica de la atención plena.

- **Elige un espacio adecuado**. Este debe ser un lugar tranquilo, en el que no tengas interrupciones, sobre todo al inicio, que todavía no dominas esta herramienta. En mi experiencia, ayuda mucho el que sea un lugar libre de ruidos, y que esté en contacto con la naturaleza, pero ese es mi escenario ideal personal. Al fin y al cabo, uno debe ajustarse al mejor espacio que se pueda conseguir.

- **Siéntate con la espalda recta**. Hay quienes realizan esta práctica en la posición de loto, tal y como lo hacen los monjes budistas, pero es cuestión de gustos al final. Lo importante es que tu espalda esté recta para que no sufras de tensiones musculares en el proceso.

- **Realiza respiración controlada.** Esta es la técnica que ya te expliqué anteriormente. En la medida en la que conviertas esta práctica en una rutina, verás que ya no tendrás que hacer este paso, aunque al inicio es sumamente importante que lo hagas. Por un lado, las respiraciones profundas y pausadas ayudan a oxigenar el cuerpo y a relajarse. Mientras que, por el otro, te permiten empezar a focalizar tu atención en algo, tu respiración.

- **Enfócate en lo que pasa en tu cuerpo**. Lo primero que debes hacer aquí es, cerrar tus ojos. Acto seguido, enfoca tu atención en tu cuerpo. Creo que lo más sencillo es que empieces colocando la atención en tu respiración. En el aire que entra a tus pulmones cuando inhalas, y en el aire que sale cuando exhalas. Pero, puedes direccionar tu atención hacia cualquier parte de tu anatomía: si sientes los latidos de tu corazón, o si tus ojos se mueven involuntariamente en sus cuencas. El objetivo de este ejercicio es que vayas moviendo el foco de tu atención hacia diferentes partes de tu anatomía por un tiempo específico. Digamos, 30 segundos en cada parte. Permítete hacerlo en al menos seis partes de tu cuerpo diferentes, sin que nada más capte tu atención en esos treinta segundos.

- **Amplía el enfoque.** En el paso anterior te enfocaste en lo que estaba ocurriendo en tu cuerpo. Pero, en este paso, vas a poner toda tu atención en alguna experiencia o hecho de tu vida que te ha afectado positiva o negativamente. En este caso, debes enfocar tu atención en ese pensamiento negativo recurrente que te está atormentando. Pero, no vas a valorar ese pensamiento, no lo vas a juzgar como positivo o negativo. Solo vas a describirlo en tu mente desde la misma perspectiva que lo haría un observador imparcial que no está implicado emocionalmente en esa experiencia o pensamiento, aceptando que forma parte de tu realidad. En este paso, te vas a convertir en un observador imparcial de tu pensamiento o experiencia. Y debes dedicarle a cada uno de ellos el tiempo que consideres apropiado, según el nivel de importancia que en el pasado le hayas otorgado.

- **Vuelve a la respiración controlada.** Cuando hayas terminado con el último pensamiento o experiencia de tu ejercicio, regresa al paso de la respiración controlada.

Ejercicio práctico 2

En este ejercicio, si tuvieras prejuicios con la meditación, podrás liberarte de ellos. Para esto, te voy a proponer que inventes tu propio mantra y tu propio mudra, que como verás, poco tienen que ver con religiones y mucho con cómo funciona nuestro cerebro.

Inventar tu mantra puede ser fácil, porque basta con elegir una creencia, un estado mental deseable, y asociarlo a una palabra o conjunto de ellas. Por ejemplo, si tu objetivo es eliminar los pensamientos recurrentes, puedes usar "mente vacía", o si es aliviar la ansiedad que estos te provocan, puedes usar "calma". También puedes elegir una frase más elaborada, por ejemplo, si hay una persona en tu vida que produce todo tipo de situaciones conflictivas, tu frase podría ser "no permito que me afecte".

Insisto en que debes creer en que la sensación que pretendes conseguir es real, por ejemplo, si quieres encontrar la calma, comienza a practicar en momentos de absoluta calma (como antes de dormir); si hay una persona tóxica, practica sin esta persona cerca. En el caso de los pensamientos recurrentes, intenta provocar una situación agradable y visualízate en ese momento.

Para inventar un mudra, puedes hacerlo de cualquier forma, siempre que no sea una posición que realices normalmente. Tenemos la imagen de un monje meditando con el índice y meñique estirados, o formando un círculo con sus dedos índice y pulgar; pero no hace falta que sea esta (y a la vez, puedes adoptarlas si te gustan). Personalmente, me gusta frotar el pulgar contra las yemas de los 4 dedos de esa mano, en bucle. Puedes hacer que tus manos se "abracen", es decir, agarrar el pulgar de una y, con esa mano, agarrar la palma de la primera. Tal vez prefieras cruzar los dedos. Ni siquiera tiene por qué ser con las manos, otras opciones son juntar las plantas de los pies, o retraer los dedos de los mismos, puedes cruzar las piernas, también situar las manos en las caderas, frotar tus sienes con ambas manos… Lo importante es que elijas un mudra, y que, de ser posible, sea algo discreto para que puedas realizarlo en cualquier lugar, y así puedas adoptar esa posición mientras repites tu mantra y evocas la sensación de calma asociada.

Te podría tomar alrededor de 3 semanas practicar esto de 10 a 15 minutos durante 2 o 3 veces al día para lograr que tu cerebro asocie ese estado al mudra, de forma que cuando realices la postura y repitas tu mantra, el estado mental venga a ti. Los tiempos varían de persona a persona, así que si te sientes cómodo, puedes extender el tiempo de práctica.

Esto, aunque parece magia, no lo es. Funciona. De hecho, no conozco a nadie que lo haya practicado y no le haya servido.

Sencillamente, así es como funciona nuestro cerebro: del estado de ánimo al estímulo, y también desde el estímulo al estado de ánimo.

Capítulo 3. Cambiar nuestro diálogo interno

En uno de sus libros, "Relatos de Poder", el autor Carlos Castañeda nos dice algo que encaja perfectamente con el tema de este capítulo. Él dice: "*cuando un guerrero aprende a parar su diálogo interno, todo es posible; hasta los proyectos más descabellados se vuelven factibles*." ¿Qué mejor lugar para usar esta cita que en este capítulo?

En una oportunidad leí en un artículo que un ser humano puede procesar alrededor de 60.000 pensamientos al día, y que más o menos el 95% de ellos son involuntarios. En caso de ser ciertos, estos son datos nada despreciables cuando el tema del que estamos hablando es el de los pensamientos negativos recurrentes. Porque, si de esos 60.000 pensamientos al día, 57.000 son involuntarios, vamos a querer que la mayoría de ellos sean positivos, ¿no te parece? Y es aquí en donde tenemos que abordar un tema muy relacionado con los pensamientos negativos recurrentes, como lo es, el **diálogo interno**.

—¡Cómo pude equivocarme de esa manera! ¡Qué animal soy! Ahora todos se van a burlar de mí. ¿Qué van a pensar mis compañeros? Pues, lo obvio. Que soy un bueno para nada, y que seguramente sigo trabajando aquí porque mi padre es amigo del dueño. Y tienen razón. No sirvo para nada. ¡Pobre de mí!

Este es un ejemplo de cosas que podrías haberte dicho en tu diálogo interno en alguna oportunidad. Y es que, mucho de lo que nos decimos a diario son juicios que emitimos sobre nosotros mismos, muchos de los cuales son de carácter negativo: "*¡Qué torpe soy!*"; "*es que soy muy descuidado*"; "*¿Por qué soy tan inseguro?*"; "*no deberían confiar en mí*".

Hablamos de diálogo interno para referirnos a eso que estamos constantemente diciéndonos en nuestra mente. Este es un diálogo incesante, ya que la mente no descansa ni siquiera cuando estamos durmiendo. El problema aquí es que, con frecuencia, eso que nos decimos juega en contra de nuestro mejor interés, como en el caso de los pensamientos negativos recurrentes. Es por ello que ahora te voy a contar cómo podrías modificar la configuración de esos pensamientos, utilizando algo que se conoce como reestructuración cognitiva.

Reestructuración cognitiva

La manera en la que se desarrolla tu diálogo interno tiene mucho que ver con tu aprendizaje, porque todo lo que te dices a ti mismo es parte de lo que has aprendido en los entornos en los que te has desenvuelto, principalmente durante tu infancia. Gracias a todo eso que has aprendido durante toda tu vida es que eres capaz de interpretar la realidad el día de hoy de la manera en la que la estás interpretando.

El problema con esto es que, no todo lo que has aprendido en tu vida es verdad, aunque lo hayas dado por verdadero. Y descubrir cuáles de esos aprendizajes no son verdad puede que no sea una tarea sencilla, aunque sí será sumamente productiva. Porque, cuando cambias eso que has aprendido y que no es verdad, cuando lo reemplazas por "verdades verdaderas", entonces cambiará tu interpretación de la realidad, y tu diálogo interno.

Utilizando el ejemplo del diálogo interno anterior, si reemplazas la verdad "*no debo equivocarme*", por "*todos nos equivocamos, y lo importante es aprender de los errores*", la siguiente vez que te equivoques no te vas a juzgar tan duramente, y con seguridad, algo aprenderás del error cometido. A eso me refiero cuando escribo "cambiar el diálogo interno". Y eso tiene un nombre en la psicología: **reestructuración cognitiva**.

"*La reestructuración cognitiva consiste en que el cliente, con la ayuda inicial del terapeuta, identifique y cuestione sus pensamientos desadaptativos, de modo que queden sustituidos por otros más apropiados y se reduzca o elimine así la perturbación emocional y/o conductual causada por los primeros*" (Bados & García, 2010).

"*La reestructuración cognitiva se fundamenta en ciertos presupuestos teóricos:*

- ***El modo en que las personas estructuran cognitivamente sus experiencias ejerce una influencia fundamental en cómo se sienten y actúan y en las reacciones físicas que tienen**. En otras palabras, nuestra reacción ante un acontecimiento depende principalmente de cómo lo percibimos, atendemos, valoramos e interpretamos, de las atribuciones que hacemos y de las expectativas que tenemos. Imaginemos que quedamos con un nuevo conocido que nos gusta y este no se ha aparecido en el lugar acordado al cabo de media hora. Si nuestra interpretación es que no lo interesamos, nos sentiremos tristes y no volveremos a establecer contacto con esa persona; pero si pensamos que la tardanza se debe a un imprevisto o a una confusión de hora,* *nuestra reacción emocional y conductual será muy diferente. Por otra parte, afecto, conducta y reacciones físicas se influyen recíprocamente y contribuyen a mantener las cogniciones.*

- ***Se pueden identificar las cogniciones de las personas,*** *a través de métodos como la entrevista, cuestionarios y autorregistros. Muchas de estas cogniciones son conscientes y otras son preconscientes, pero la persona es capaz de conseguir acceder a las mismas.*
- ***Es posible modificar las cogniciones de las personas,*** *lo cual puede ser empleado para lograr cambios terapéuticos"* (Bados & García, 2010).

Ahora bien, como en este caso estamos hablando de pensamientos negativos recurrentes, tenemos entonces que esta técnica permite que tanto al paciente como el terapeuta consideren los pensamientos negativos recurrentes como hipótesis, en las que ambos trabajarán juntos con el objetivo de recabar información para determinar si tales hipótesis son correctas o útiles.

Aquí es importante señalar que el terapeuta no debería intentar decirle al paciente cuáles son los pensamientos que debería tener, sino que a través de una serie de preguntas que va formulando y de experimentos conductuales que va diseñando, va orientando al paciente para que este ponga a prueba sus pensamientos, los evalúe, y se dé cuenta por sí mismo si son válidos o no, y si les son de utilidad. Eso es lo que se hace en una terapia cognitivo-conductual, de la que te hablaré un poco más adelante.

Una de las grandes ventajas que yo observo en esta técnica, es que puedes poner a prueba todo aquello que te atormenta desde que tienes uso de razón, lo que te permite de alguna manera depurar tu pasado, eliminando de la ecuación todas aquellas variables que no le aportan a tu vida nada positivo. Esto, indudablemente, te debería ayudar a reconciliarte con tu pasado, liberándote así de todas aquellas "verdades" que eran en realidad falsas creencias, y que te condicionaron para que interpretaras tu vida de la manera en la que lo venías haciendo.

Así mismo, puedes utilizar esta técnica para poner a prueba esos pensamientos negativos recurrentes que te están atormentando, de manera que vayas estableciendo si esos pensamientos son verdades o simplemente son constructos de tu mente que no le aportan valor alguno a tu vida.

Terapia Cognitivo-Conductual

La terapia cognitivo conductual es una forma de psicoterapia cuyo objetivo es enseñarles a los pacientes habilidades prácticas que les permitan enfrentar y superar problemas específicos, al identificar y modificar patrones de pensamiento y comportamientos negativos. Por tal razón, me pareció apropiado hablar aquí de ella, ya que te puede ayudar a modificar tus pensamientos negativos recurrentes.

Esta es una terapia estructurada y de corta duración, que por lo general parte de la premisa de que la distorsión en los pensamientos es lo que conduce y mantiene estados mentales disfuncionales como la ansiedad, la depresión o la ira, por lo que el objetivo del terapeuta debe ser ayudar a los pacientes a reconocer la manera en la que piensan, para modificar esos pensamientos a través de la aplicación de la evidencia y la lógica.

Son nuestros pensamientos los que, en gran medida, determinan cómo nos sentimos y actuamos. Es por eso que, al identificar distorsiones en ellos, podemos modificar nuestras emociones y comportamientos. Y eso es lo que se pretende lograr en la terapia cognitivo-conductual.

A través de esta terapia, se abordará la interconexión existente entre los pensamientos, las emociones y la conducta; se detectarán los pensamientos automáticos, que son aquellos que se generan como respuesta a situaciones específicas muy rápidamente, y que pueden ser negativos, distorsionados e irracionales; asimismo, se detectarán suposiciones y creencias centrales, que como su nombre lo indica, son creencias y suposiciones en las cuales se fundamenta nuestra percepción de nosotros mismos, de los demás y del mundo; y se identificarán y pondrán a prueba esos pensamientos y creencias negativas, de manera que puedan ser reemplazados por otros más alineados con la realidad.

Lo primero que ocurre en una terapia cognitivo-conductual es recabar información sobre el paciente y sus razones para asistir a este tipo de terapia. A partir de allí, y si ambos se sienten cómodos al trabajar juntos, lo siguiente sería ir descubriendo cuál sería la ruta más adecuada para tratar lo que el paciente plantea como problema. Ese es un proceso que es individual y dependiente de cada paciente y sus circunstancias, por lo que no exista un manual o procedimiento estándar a seguir. Lo que sí es común es que en el proceso se vayan intentando ejercicios, actividades y prácticas, que le permitan al paciente reestructurar su forma de pensar, siempre bajo su total control.

Ejercicio práctico

En esta oportunidad te invito a desafiar tus pensamientos negativos recurrentes. ¿Cómo lo vas a hacer? Pues es relativamente sencillo. Lo primero que debes hacer es identificar ese pensamiento que no abandona tu mente.

Supongamos que tu pensamiento es: "**quiero comer algo dulce**", cuando tu objetivo es eliminar un poco de sobrepeso. Vamos a asumir que ese es un pensamiento que no puedes apartar de tu mente. Entonces, desafiar ese pensamiento negativo implica llegar hasta la causa raíz que te lleva a querer comer dulce, tratando a tu mente como si estuvieras hablando con otra persona:

—*¿Por qué quieres comer algo dulce?* —preguntas

—*Porque me apetece.* —responde tu mente.

—*Esa no es una razón válida. Sabes que necesitamos perder peso.* —le dices.

—*Un poquito de azúcar no va a empeorar la situación.* —te dice tu mente.

—*Pero no la mejora tampoco.* —Le dices tú.

—*Vamos, que te lo mereces. Trabajas muy duro.* —te tienta tu mente.

—*Tienes razón. Pero, me puedo premiar de otra manera. No tengo que comer algo dulce para darme un capricho.* —le dices tú.

Esa es la invitación que te hago. Que identifiques un pensamiento negativo recurrente y que lo desafíes, que lo cuestiones, y que lo contradigas con argumentos lógicos. Al final, no es necesario que "ganes" a ese pensamiento: siguiendo el caso anterior, es posible que ya te hayas dado caprichos de otro tipo y decidas conscientemente que quieres comer ese dulce. En ese caso, comer un dulce se convierte en algo positivo, porque al racionalizarlo, se ha convertido en un placer consciente: no solamente lo disfrutarás más, y esto va en sintonía con la idea de "atención plena", sino que habrás conseguido argumentos suficientes para no hacerlo la mayor parte de las veces, incluidas estrategias alternativas para darte un capricho sin ese dulce.

Por supuesto, esto no trata solo de caprichos: puedes utilizar como pensamiento recurrente una ruptura de pareja, problemas laborales o económicos, adicciones, ideas sobre la propia incompetencia… Tú decides qué es lo que más te afecta en tu día a día.

¿ESTÁS ENCONTRANDO VALOR EN ESTA GUÍA?

Me encantaría pensar que así es. Este es el producto del trabajo de años de investigación y pruebas de ensayo-error, pero finalmente fue lo que supuso un cambio y me trajo la paz mental que buscaba, por eso espero que tú también puedas beneficiarte de él y aplicar los consejos que te brindo a lo largo de este texto.

Siendo un autor independiente, trabajo en lo que más me llena, que es ayudar a otros a alcanzar sus propios objetivos vitales. Esto es una satisfacción de por sí, pero también implica enfrentarme a algunos desafíos a diario: y es que el mundo editorial tiene una fuerte competencia que a menudo depende no tanto de un buen contenido, como de una buena campaña publicitaria.

Por esto, si consideras que este trabajo ha dado un resultado que puedes aprovechar para tu vida, te pediría que dediques solamente un par de minutos a dejar una reseña a *Cómo dejar de pensar demasiado*. De esta forma estarás ayudando a otros lectores a comenzar su propio proceso de recuperación con un material cuya calidad has comprobado por ti mismo. Para ti es un pequeño acto de generosidad, pero para mí puede representar la diferencia entre seguir creciendo en el mundo editorial y poder seguir mi vocación o tener que abandonarla.

Escanea el siguiente código QR con la cámara de tu teléfono para dejar tu calificación y escribir qué te ha parecido *Cómo dejar de pensar demasiado*:

También puedes dirigirte al siguiente enlace:

https://www.amazon.com/review/create-review/?
ie=UTF8&channel=glance-detail&asin=B0DN1XK669

Con esta acción estarás dando a conocer esta información, facilitando la recuperación de otros que están pasando por la misma situación y las mismas emociones negativas que tanto tú como yo hemos experimentado y pronto ambos habremos superado.

Aprecio de corazón tu esfuerzo compartiendo tu opinión. Muchas gracias de antemano por tu apoyo.

Capítulo 4. Aprender a manejar el estrés

¿Alguna vez te has sentido estresado? Era broma. Por supuesto que sí lo has estado. Y no porque lo diga yo, sino porque según la Organización Mundial de la Salud (OMS), el estrés "es la pandemia del siglo XXI". Hay cifras que son realmente preocupantes al respecto, como aquel que dice que el 40% de los seres humanos padecemos estrés de manera continua. Y es por eso que no podía olvidarme de tratar ese tema.

El diccionario de la Real Academia Española nos dice del estrés que es una "*tensión provocada por situaciones agobiantes que originan reacciones psicosomáticas o trastornos psicológicos a veces graves*" (Real Academia Española, s.f.). Nos vamos a quedar con esa definición, ya que todo el mundo sabe lo que es el estrés, y nos vamos a enfocar en cómo tratarlo.

Para ello, vamos a repasar algunas técnicas que te pueden ayudar a hacerle frente a esta pandemia que nos afecta a todos por igual. Y voy a comenzar por la técnica de visualización, que a mí me gusta y me da excelentes resultados.

Visualización

Visualizar se trata, en esencia, de formar en tu mente una imagen de algo que tienes al alcance de tu vista (Real Academia Española, s.f.). Para visualizar, requieres de imaginación, que es una de las características del ser humano.

Ahora bien, me imagino que te estás preguntando cómo la visualización te puede ayudar a deshacerte de los pensamientos negativos recurrentes. Pues, para empezar, esta es una técnica utilizada en la terapia psicológica para reducir el estrés y la ansiedad. Pero, en lo que respecta a los pensamientos negativos, la visualización puede ayudarte a reemplazar ese pensamiento que te atormenta por algún otro que te ayude a relajarte o que te genere paz.

Esta es una técnica muy sencilla que consiste en aprender a utilizar tu imaginación para formar en tu mente imágenes vívidas de objetos o situaciones placenteras para ti, de la manera más realista que puedas, con tantos detalles como te sea posible agregar, de manera que te generen emociones de paz y bienestar. Esto contrarrestará el efecto adverso que los pensamientos negativos recurrentes generan en ti.

La imaginación es una herramienta muy poderosa de la mente, que lamentablemente utilizamos más para formarnos imágenes negativas que positivas. Por desgracia, nos es más sencillo imaginar situaciones y anticipar resultados en los que todo sale o salió mal para nosotros. Esto, por supuesto, tiene un impacto significativo en nuestras emociones, y, por ende, en nuestra salud.

La visualización puede resultar ser un contrapeso importante a la hora de enfrentar pensamientos negativos recurrentes, ya que, puedes convertir un pensamiento de preocupación, utilizando tu imaginación, en una razón para estar confiado. Así mismo, la visualización puede ser de utilidad para ti si tienes problemas para conciliar el sueño.

En este escenario, tendrías que reemplazar esas imágenes o

pensamientos negativos que te causan estrés, ansiedad o miedo, por otras que más bien te generen tranquilidad, armonía y paz. Por ejemplo, supongamos que estuviste en algún momento de viaje en las montañas, y que recuerdas ese viaje con mucho cariño porque allí te sentiste conectado a la naturaleza, pleno y lleno de vida.

El solo hecho de evocar en tu mente ese recuerdo, y de visualizar conscientemente cada detalle de aquel viaje, cómo se sentía el aire que inspirabas, cómo era la temperatura del ambiente, los colores, formas y texturas que observaste, la posición del sol y de las nubes es aquel momento, y cómo te sentías tú: ¿alegre? ¿tranquilo? ¿feliz? ¿en paz?, el evocar todo eso con tantos detalles como te sea posible imaginar, te van a llevar a experimentar las emociones que experimentaste aquella vez, lo que te liberará de esos pensamientos estresantes, y te colocará en una posición ideal para conciliar el sueño.

La clave aquí es imaginar esa escena con tantos detalles sensoriales como te sea posible: ¿cómo se sentía? ¿Cómo olía? ¿A qué sabía? ¿Cómo se veía? ¿Cómo se escuchaba? En los detalles está la clave de que puedas rememorar ese recuerdo y que puedas experimentar las emociones asociadas a él.

Calmar tu mente antes de dormir

A lo largo de un día nosotros obtenemos altas dosis de estrés en cada uno de los escenarios en los que nos desenvolvemos: trabajo, negocio, hogar, familia, escuelas, e incluso, hasta en el tráfico, cuando sucede algo fuera de lo normal, como cuando alguien no avanza tan rápido como nosotros lo esperamos.

Por tanto, cuando llegamos a casa, nuestros niveles de estrés podrían estar muy por encima de lo aceptable, por lo que nuestro estado de ánimo cambia: nos irritamos por cualquier cosa; todo error en el círculo familiar podría ser tomado como una afrenta personal; y, en definitiva, nuestro "tanque de estrés" podría estar alcanzando niveles altos. Y si así fuera, es bastante probable que tengas dificultad para conciliar el sueño. ¿Qué hacer en esos casos?

Ya deberías saberlo, porque mucho de lo que te he compartido hasta ahora tiene como objetivo calmar la mente: prácticas como la meditación, *mindfulness*, técnicas de respiración, o visualizaciones te van a ayudar a dormir mejor. Eso, sin contar con los fiables "hacer ejercicio" y "practicar algún deporte":

Es por esa razón que no me voy a extender más en este tema, aunque sí te dejaré en el ejercicio práctico uno que con certeza te va a ayudar a dormir mejor. Incluso, es probable que te quedes dormido antes de terminar el ejercicio, siempre que lo hagas tan detallado como te sea posible…

Escribir para liberar

La escritura terapéutica es una técnica utilizada por los psicólogos para ayudar a sus pacientes a confrontar y liberar emociones y pensamientos que no han podido procesar adecuadamente, ya que esta práctica les puede ofrecer una perspectiva diferente, más clara y ordenada de lo que están sintiendo y pensando. El escribir lo que sientes y piensas te permite distanciarte de eso que sientes y piensas, de manera que adquieres una nueva perspectiva de ello.

Iniciarte en la escritura terapéutica va a requerir en primera instancia que realmente quieras hacerlo. No a todo el mundo le gusta escribir o está dispuesto a hacerlo. Pero, sí tú lo estás, puedes empezar con un diario en el que tomes nota de aquello que consideraste importante durante ese día, haciendo énfasis en lo que sentiste y pensaste.

El objetivo no es que te ganes un premio por escribir, por lo que te debes permitir escribir de manera libre, liberando tu mano para que escriba lo que diga tu mente. Si algún recuerdo llegara a tu mente, debes señalarlo en tu diario: "recuerdo que en una oportunidad…". Esto contribuye a estimular tu memoria.

Este diario es particularmente importante en aquellas circunstancias en las cuales te sientes mal por algo. En ese escenario, trata de ser tan detallista como te sea posible en relación a lo que sentiste, y si es posible, analiza la situación a ver si llegas a alguna conclusión de interés para ti.

Cuando de escribir se trata, una práctica recomendada por los psicólogos es, escribir una carta a una persona por la que tienes algún sentimiento o emoción. El objetivo no es entregarle esa carta, sino escribirla, diciéndolo aquello que te gustaría decirle. Esto resulta ser una terapia muy buena a nivel emocional, aunque esa persona nunca llegue a leerla.

Otra práctica interesante es la de llevar una especie de diario de sueños, en el que anotes lo que has soñado apenas te despiertas, para que el recuerdo del sueño no se borre. Ahora bien, sin importar qué escribas o cómo lo escribas, esta es una práctica que te puede ayudar a liberarte tanto de emociones como de pensamientos negativos.

Otras técnicas de relajación

Cuando hablamos de técnicas de relajación, el objetivo es centrar la atención en algo que te calme mientras tomas conciencia de tu cuerpo. Ya te he hablado de algunas técnicas que te sirven para relajarte, como la de la respiración profunda, la meditación, el *mindfulness y* la visualización. Pero, hay otras técnicas a las que podrías acudir, que no voy a explicar aquí, pero sí las voy a mencionar.

Para empezar, tenemos el **masaje relajante**, que es un tipo de masaje suave, basado en los principios de la fisioterapia, la movilización de los tejidos musculares, faciales y la regulación del sistema nervioso; tenemos también el **taichí**, que es un arte marcial originario de China, que ofrece grandes beneficios para la salud, al tiempo que es considerado una técnica de meditación; asimismo, está el **yoga**, una disciplina tradicional espiritual, física y mental originada en la India, que al igual que el taichí, es considerada por muchos como una técnica de meditación, con grandes beneficios para la salud; **aromaterapia** es otra técnica de relajación que consiste en el uso de aceites esenciales de las plantas para mejorar el equilibrio de la mente, el cuerpo y el espíritu.

Haciendo mi investigación, me encontré con una guía ilustrada para la salud que voy a referenciar en este documento y que lleva por nombre: "*En tiempos de estrés, haz lo que importa: una guía ilustrada*" (Russ Harris, 2020). Lo interesante de esta guía es que explica lo qué es el estrés y como liberarte de él de manera ilustrada, como si fuera para niños. Además, al ser una obra divulgativa, su licencia es especialmente permisiva, por eso me pareció adecuado compartir la información aquí: es una manera de permitir a todo el mundo acceder a la información, incluso si una guía más detallada supone un esfuerzo para esa persona.

Testimonio

En cuanto a todas estas técnicas que te acabo de compartir, yo las he probado y puedo dar fe de que funcionan. Es más, no solamente me han funcionado en momentos específicos como cuando no he podido dormir, o cuando estoy en un cierto estado de ansiedad, como podría ser el estar en medio de una tormenta, sino que los he puesto a prueba en situaciones extremas, en las que he estado expuesto a dosis de estrés muy altas, y me han funcionado muy bien.

Recuerdo, por ejemplo, una oportunidad en la que estuve en el trabajo enfrentando a clientes que estaban muy enfadados. Y, en el momento en el que esos clientes salieron de la estancia en la que nos encontrábamos, me tomé 5 minutos para sentarme en una silla cómoda, con la espalda recta, cerré mis ojos, y empecé a hacer mis respiraciones diafragmáticas, al tiempo que contaba los segundos, porque estaba utilizando la técnica de respiración cuadrática, y allí mismo me tranquilicé. En cuestión de entre 5 y 10 minutos, ya estaba yo completamente preparado para atender a otro cliente. Muchas veces este tipo de técnicas no solamente funcionan, sino que lo hacen sumamente rápido, siendo efectivas al momento.

Ejercicio práctico

En esta oportunidad, te voy a invitar a que visualices tu día perfecto. Este es un ejercicio que te puede ayudar a relajarte en momentos de mucho estrés o de gran tensión emocional. Si es posible, graba estas instrucciones en un audio antes de iniciar, dejando el tiempo suficiente en cada paso para que puedas hacer la visualización cómodamente. Ahora sí, pongamos manos a la obra…

- Elige un lugar tranquilo, en el que no seas interrumpido.

- Siéntate en una posición relajada, con los ojos cerrados, con las manos sobre tus muslos, y con tus dos pies apoyados en el suelo.

- Regula tu respiración. Haz que esta sea diafragmática, profunda, respirando con suavidad.

- Cuando estés bien relajado, reproduce el audio de la visualización que sigue a continuación:

    - Estas en tu cama, sumamente relajado, y empiezas a despertarte. Es la mañana de un día perfecto para ti, un día sin estrés. Un día en el que te estás despertando invadido por una sensación de paz y satisfacción que te hacen sonreír apenas tomas consciencia, porque sabes que hoy es tu día perfecto.

    - En tu imaginación, muy lentamente abres tus ojos y miras a tu alrededor. ¿Qué aspecto tiene el dormitorio en el que estás en tu día perfecto? A continuación, miras a tu lado. ¿Hay alguien contigo? ¿Quién está contigo en tu día perfecto?

- Despacio, pero sin esfuerzo, te levantas de la cama, e inicias tu rutina matinal en este día, tu día perfecto. ¿A dónde te diriges? ¿En qué actividad ocuparás tu mañana en tu día perfecto? ¿Irás a trabajar? ¿Estarás en casa? ¿Te reunirás con alguien? ¿Con quién? ¿Hacia dónde te diriges? ¿Con quién estarás? Mira a tu alrededor y fíjate en cada detalle del lugar en el que te encuentras ahora en tu día perfecto.

- Imagina que ya ha llegado la hora del almuerzo de ese día perfecto y sin estrés que estás viviendo. Observa a tu alrededor, muy despacio. Disfruta de cada detalle de lo que observas en tu visualización. ¿Dónde vas a comer? ¿Qué vas a comer? ¿Con quién? ¿Cómo se siente el lugar en donde comerán? ¿Cómo huele? ¿Cómo se ve? ¿Cómo sabe la comida? ¿Cómo se siente la mesa en la que estás sentado? ¿Cómo se ve la persona con la que comerás?

- Ahora es la tarde y aún te sientes tranquilo y relajado, como si todo estuviera bien en el mundo. ¿Dónde estás? ¿Qué haces? ¿Quién está a tu lado, si es que hay alguien? Ha llegado la hora de la cena. ¿Qué comes? ¿Estás solo o con otras personas?

- Ya es la noche de tu día perfecto y sin estrés. ¿Qué estás haciendo a esta hora? ¿Con quién estás? ¿Cómo se siente el entorno en el que te encuentras?

- Y ya para finalizar, llegó la hora de acostarte. Te sientes satisfecho y en paz por el día tan perfecto que has tenido. Estás agradecido por eso, sonríes, porque sabes que tu día no pudo haber sido mejor. Y con esa sensación, te quedas dormido…

Capítulo 5. Dominar el miedo al futuro

Como muchos, si no es que todos, esos pensamientos negativos recurrentes que nos abordan son productos derivados del miedo, no podía dejar de hablar aquí del miedo, y más específicamente, del miedo al futuro, que es uno de los miedos más generalizados en nuestra civilización actual.

El miedo se define como una "*angustia por un riesgo o daño real o imaginario*" (Real Academia Española, s.f.). Recuerda que para tu cuerpo es irrelevante si lo que hay en tu mente es verdad o mentira, por lo que, en cualquiera de los dos casos, tu cuerpo reaccionará de la misma manera. Así mismo, el miedo también se define como un "*recelo o aprensión que alguien tiene de que le suceda algo contrario a lo que desea*" (Real Academia Española, s.f.).

Para entender mejor el impacto que el miedo tiene en nuestra biología, es necesario que profundicemos un poquito más en el conocimiento del sistema límbico, que forma parte del primer cerebro o cerebro reptil que mencioné en el capítulo anterior. El sistema límbico es parte de este cerebro reptil, y de él te hablaré a continuación.

"*El sistema límbico es el principal responsable de la vida emocional del ser humano. Se encuentra involucrado en el control de la emoción, las motivaciones y la iniciativa. Más aún, participa de procesos cognitivos esenciales como la conducta, el mantenimiento y la supervivencia, el aprendizaje, la cognición y la memoria*" (Arce Gamarra & Galantini Velarde, 2017).

En realidad, el sistema límbico no es el único responsable, ya que las emociones también se procesan en el neocórtex, de acuerdo con la neurociencia: "*Existen dos vías neurológicas del procesamiento de las emociones. La primera se gesta mediante la amígdala; la segunda, a través de la corteza cerebral, específicamente los lóbulos prefrontales. En este contexto, la capacidad de los lóbulos de regular las respuestas emocionales es una destreza educable y que se puede entrenar gracias a la neuro plasticidad*" (Arce Gamarra & Galantini Velarde, 2017).

Mientras que la amígdala y el sistema límbico del cual esta forma parte gestionan las emociones de una manera más primitiva e irracional, el neocórtex lo hace de una manera más racional. Y ahí está la clave de una gestión emocional adecuada, lo que también se conoce como inteligencia emocional.

Cuando experimentas miedo, se activa tu sistema límbico, y tu amígdala cerebral toma el control de la situación, pero lo hace de una manera muy primitiva o rudimentaria, en el sentido de que solo va a elegir una de tres posibles opciones: enfrentar, huir, o paralizarse. En eso consiste su menú de opciones. Y, una acotación importante que debo hacerte aquí es que, cuando la amígdala cerebral toma el control, el neocórtex se "apaga". Es decir, tu cerebro racional deja de funcionar, perdiendo así tu capacidad de razonamiento.

Ahora bien, esto ocurre con el miedo en todas sus formas, incluido el miedo al futuro, que es de lo que estoy hablando en este momento. Recuerda que tu sistema límbico tiene como objetivo y razón de ser mantenerte vivo. Por tanto, no se puede dar el lujo de invertir tiempo en tomar decisiones que podrían ser de vida o muerte. Simplemente reacciona de una de tres posibles maneras: pelea, huye, o se paraliza. No importa si enfrentas un peligro real o imaginario, si tu sistema límbico toma el control, vas a hacer una de esas tres cosas. Y eso es lo que ocurre con el miedo al futuro.

Muchos de nuestros pensamientos negativos recurrentes están relacionados con miedo al futuro. Tenemos miedo de que se manifieste en el futuro algo que no queremos: un examen académico; una ruptura amorosa; una posible enfermedad; una potencial quiebra de un negocio; una posible pérdida de empleo. Todos esos son miedos que muchos hemos enfrentado en algún momento de nuestras vidas, y que pueden llegar a convertirse en pensamientos negativos recurrentes.

Cuestionario para identificar tus miedos

Entonces, ¿qué tenemos que hacer para dominar ese miedo al futuro? Pues, lo primero y principal sería **identificar que tienes ese miedo**. ¿Cómo podrías eliminar algo de tu mente que no sabes que está ahí? Antes, tendrías que darte cuenta de que el miedo está ahí. Y esto es algo relativamente sencillo de detectar, ya que a nivel fisiológico el miedo hace que tu cuerpo reaccione de ciertas maneras: aumenta tu ritmo cardíaco y tu presión sanguínea; tu respiración pasa a ser torácica, es decir, se acelera; tus pupilas se dilatan; puede haber sudoración excesiva, también. Todos estos síntomas delatan que estás experimentando miedo.

Así mismo, tu respuesta hacia una situación específica también te puede indicar que tienes un miedo. Por ejemplo, supongamos que estás cerca de terminar tu educación secundaria. Si cada vez que alguien te pregunta qué planeas hacer, evades responder esa pregunta, te quedas callado o te levantas y te vas, eso podría darte una señal de que tienes miedo al futuro.

El miedo al futuro no es más que la incertidumbre de no saber lo que ocurrirá más adelante. Vivimos en un mundo en el que estamos en una búsqueda constante de certidumbre, de certezas, de seguridades. Desde pequeño aprendemos que debemos tenerlo todo bajo control, por lo que desarrollamos la necesidad de anticiparlo todo. Y cuando no es posible, aparece la incertidumbre, el miedo al futuro.

El problema con el miedo es que nos da solo tres opciones de acción: huir, enfrentar o paralizarnos. Y en lo que respecta al miedo al futuro, creo que la opción más popular es la tercera: no hacemos nada. Nos paralizamos. Mientras que la menos popular es: enfrentar.

En mi búsqueda constante de soluciones me encontré con un escrito de Elena García Donoso, en el que plantea una idea que me pareció genial: entrevistar tu miedo. Y esa es mi propuesta para ti ahora. Que elabores una entrevista con tu miedo al futuro, para que lo saques de la amígdala y lo lleves al neocórtex. O, dicho en otras palabras, que lo saques del ámbito emocional y lo coloques en el ámbito racional o mental. Te voy a proponer un ejercicio en este sentido al finalizar este capítulo.

El arte de aceptar

Una práctica por demás importante cuando manejamos la incertidumbre es, **aprender a aceptar** lo que viene, poniéndonos en modo *mindfulness*. Es decir, aceptar lo que viene sin juzgar si es bueno o malo, positivo o negativo, ganancia o pérdida. Se trata simplemente de aceptar lo que sea que te toque enfrentar, estando tú en el momento presente.

Aceptar lo que viene no significa que no vayas a experimentar emociones al respecto. Lo que significa es que, al estar en el momento presente, puedes elegir observar desde tu neocórtex esas emociones que se están manifestando en ti, desde tu racionalidad, para que puedas encontrarles una explicación, un origen, para que puedas observarlas, reconocerlas, saber que están allí, sin tener que luchar contra ellas o juzgarlas.

Estamos hablando aquí de autoconocimiento. Cada vez que asumes el rol del observador de lo que ocurre en tu mente y en tus emociones, aprendes un poco más de ti mismo, lo que te coloca en una mejor posición para enfrentar lo siguiente que la vida te coloque al frente. ¿Puedes ver lo importante que puede llegar a ser esto en tu vida?

Aunque hacemos todo cuanto está a nuestro alcance para eliminar toda incertidumbre de la ecuación de nuestras vidas, la verdad es que esta se encuentra presente en ellas con más frecuencia de la que nos gustaría. Yo diría que la incertidumbre es una parte importante de la vida, razón por la cual deberíamos empezar por aceptar que esto es así. Y al hacerlo, estaremos dando un paso importante para deshacernos de los pensamientos negativos recurrentes o de la rumiación mental.

Ahora bien, aceptar no significa para nada conformarse o resignarse. La aceptación es neutral, no tiene polaridad. Aceptar significa reconocer que está pasando lo que está pasando. Pero, lo que tú vayas a hacer con eso que está pasando es una historia diferente. Una historia que escribes tú.

Supongamos que, debido a una reducción de costos en la empresa en la que trabajas, han decidido despedirte. Aceptar significa que reconoces que has sido despedido. Observas qué fue lo que sucedió, entiendes por qué sucedió, pero no significa que estés feliz o triste por ello. Significa que has racionalizado la situación y entiendes que ha ocurrido. Ahora, ¿qué vas a hacer?

- **Opción 1: rumiar**. Te vas a quedar en lo que sientes al respecto. Sientes que no vales lo suficiente; o, que no fuiste valorado adecuadamente; o, que no vas a poder encontrar otro empleo tan bueno como ese; o, que no vas a poder encontrar ningún otro empleo.
- **Opción 2: actuar.** Vas a actualizar tu currículum, y vas a empezar a buscar un empleo igual o mejor al que tenías. Vas a asesorarte con amigos que trabajan en la misma área que tú, les vas a pedir que te recomienden, y vas a hacer todo cuanto esté a tu alcance para encontrar un nuevo empleo que tenga condiciones similares o mejores que el empleo del que te despidieron.

Aceptar es solo una parte de la ecuación. Luego, tendrás que decidir qué harás. Si te quedarás rumiando tu pena, tu tristeza o tu frustración por haber sido despedido, o si te pondrás manos a la obra para encontrar un nuevo empleo. Tendrás que decidir si gestionas tu vida desde tu cerebro límbico, desde tus emociones, o si lo haces desde tu neocórtex, desde tu racionalidad. Y esa es una decisión que solo podrás tomar tú.

Control e incertidumbre son dos extremos de una misma cosa. El control no es más que un intento por deshacerte de la incertidumbre. Pero, en muchos casos, la balanza se inclina hacia la incertidumbre. ¿Qué piensas hacer al respecto? ¿Cómo piensas actuar de aquí en adelante?

Procrastinación

Te voy a poner un ejemplo que creo que todos hemos experimentado en alguna medida, como lo es el caso de perder a una persona que amamos. ¿Podemos saber cuántos años vamos a vivir? ¿Podemos saber cuántos años van a vivir las personas que amamos? No lo sabemos. Hasta el momento, nadie puede predecir eso. Eso es incertidumbre. Tratar de controlar esto viene a ser un sinsentido, ya que no hay nada que podamos hacer al respecto.

En lo que sí podemos tener control es, en cómo invertimos nuestro tiempo, y en qué trato les dispensamos a las personas que amamos mientras están con nosotros. Y, sin embargo, ocurre con más frecuencia de la que debería que dejamos de prestarles atención a nuestros seres amados, porque "ya habrá tiempo más adelante para compartir con ellos", cuando toda esa afirmación lleva implícita la más grande de las incertidumbres.

Y llega algún momento en el que esa persona que amamos ya no está con nosotros, y ese "ya habrá tiempo más adelante para compartir con ellos" se convierte en una fuente de tristeza, remordimiento y culpa, porque nunca tuvimos el tiempo para compartir con ella. Y todo porque, aquello que podíamos controlar, que era el tiempo para compartir con esa persona, la pospusimos indefinidamente, hasta que ya no pudimos hacerlo.

A este fenómeno se le conoce como **procrastinación**, y es sumamente dañino para nosotros. Procrastinar es diferir o aplazar (Real Academia Española, s.f.), y es algo que hacemos con más frecuencia de la que nos gustaría reconocer. Y lo curioso de esto es que, tendemos a procrastinar actividades a pesar de que resultan importantes para nosotros, y las reemplazamos por otras menos importantes. No tiene sentido ¿verdad?

Hay diferentes razones que nos llevan a aplazar cosas que para nosotros son importantes como una revisión médica, o compartir tiempo con las personas que amamos, como en el ejemplo anterior. Algunas de esas razones serían:

- **Perfeccionismo**: quieres que las cosas sean perfectas, por lo que siempre habrá algo más que hacer antes de terminar. Eso pospondrá de manera indefinida el que termines.
- **Miedo al fracaso**: temes equivocarte, por lo que pospones la decisión. A esto es a lo que coloquialmente se le llama parálisis por análisis, y ocurre cuando pensamos demasiado a la hora de tomar decisiones.
- **Miedo al rechazo**: tratas de congraciarte con alguien, por lo que inviertes tu tiempo en eso, aplazando las cosas que realmente son importantes para ti.

El problema de la procrastinación es que siempre termina alejándonos de aquello que realmente queremos, ya sean objetivos o personas, porque les asignamos prioridades erróneas a las cosas. Le damos más importancia a algo que no la tiene, y le restamos importancia a lo que sí la tiene para nosotros, lo que nos ocurre cuando actuamos de manera emocional.

Testimonio

Es común que asociemos la procrastinación con la flojera o pereza: "*bueno, ya lo haré luego, cuando tenga mejor ánimo*". Pero, muchas veces la procrastinación no tiene tanto que ver con la pereza de no querer hacer las cosas, sino que más bien está directamente asociada con el miedo del fracaso.

Tengo un ejemplo de una persona a la que conozco, y que vive en un pueblo. Cuando converso con esta persona, siempre surge este comentario de su parte: "*me apetece irme a vivir a una ciudad muy grande*". Y se refiere a irse a vivir a una ciudad que sea más o menos 300 veces más grande que el pueblecito donde vive actualmente.

Ese comentario no tiene nada de malo si lo expresa de manera casual. Pero, esta persona lo lleva diciendo repetidamente durante muchos años, cuando en realidad no tiene ninguna razón para no hacerlo: no tiene cargas familiares; tiene una formación académica envidiable, que le facilitaría poder conseguir un buen empleo vaya a donde vaya; y, en términos generales, tiene todo a su favor para irse a vivir a donde quiera. Pero, en lugar de hacerlo, se conforma con decir que tiene la intención de hacerlo.

¿Por qué posponer tanto esa decisión? Pues, después de hablar con él tantas veces sobre el mismo tema, mi conclusión es que tiene miedo al fracaso. No de una manera general, sino más bien como una incertidumbre: "*¿qué pasaría si yo dejo lo que tengo en este pueblo por una ciudad que, por supuesto, será más costosa, y* *me siento igual de mal conmigo mismo? ¿Qué pasaría si no consigo hacer amigos y me tengo que quedar todo el día encerrado en casa porque no tengo actividades que hacer?*". Mi conclusión es que esta persona no emigra porque tiene miedo no solo de lo que pueda encontrar en su nuevo destino, sino de lo que pueda descubrir de sí misma.

Sin embargo, al no emigrar, esta persona se siente atrapada en su vida, de la que no le es posible escapar. En mi opinión, la posible solución sería, plantearse en qué situación está, tomar conciencia de si realmente desea emigrar, y decidir si va a hacerlo o si va a desechar la idea. Pero, al dejarlo para más adelante, al posponerlo, ni lo hace, ni abandona la idea. Y es justo por eso que se siente atrapado en un círculo vicioso que para su estado de ánimo es devastador.

Ejercicio práctico

Este ejercicio consiste en hacerle una entrevista a tu miedo, cualquiera que este sea. Pero, a manera de ejemplo, te voy a colocar aquí la entrevista que yo le haría a mi miedo al futuro. Así, tú podrás elaborar tu propia entrevista, ajustada a tu contexto y realidad.

— **Yo**: *Cuéntame, miedo al futuro (MaF), ¿de dónde provienes?*

MaF: *Pues, no lo tengo muy claro. Creo que podría venir de una falsa creencia que tú tienes de que no serás capaz de lidiar con lo que el futuro te traiga.*

Yo: *¿Por qué piensas eso?*

MaF: *Porque te asustas mucho cuando algo cambia en tu vida.*

Yo: *Es cierto. No me gustan los cambios. ¿Por qué crees que ocurre eso?*

MaF: *Podría ser porque desde pequeño te han programado* *para buscar seguridad, para controlar tu entorno y para asegurar tu futuro.*

Yo: *Creo que tienes razón. Llevo toda mi vida buscando estabilidad. No me había dado cuenta de que "estabilidad" es un sinónimo para ausencia de cambios. Eso podría explicar por qué no me gustan los cambios. Pero, ¿por qué no me había dado cuenta antes de esto?*

MaF: *Porque no habías hablado antes conmigo. Esta es la primera vez que me reconoces. Es la primera vez que de manera consciente reconoces que le tienes miedo al futuro.*

Yo: *Es verdad. Debo tener otros miedos por ahí ocultos que no quiero reconocer.*

MaF: *Así es. Aquí a mi lado está uno de ellos. Se llama* ***Miedo a Equivocarte****. Te lo presento...*

Este ejercicio que te propongo consiste en que elabores un diálogo entre tú y tu miedo, cualquiera que este sea. Escríbelo, tal y como yo lo he hecho en este ejercicio. No te limites. No te distraigas.

Fluye con las palabras y estoy seguro que en el resultado encontrarás cosas que te van a sorprender. Mi recomendación para este ejercicio es que profundices en un solo miedo antes de pasar al siguiente, algo que no necesitas hacer en tu primera entrevista. Intenta sacarle todo el jugo posible a ese miedo y escribir vuestro diálogo, porque así le conocerás mucho mejor, y podrás enfrentarte a él con eficacia, mientras que, si dialogas con todos tus miedos, corres el riesgo de repetir el mismo diálogo varias veces y obtener un conocimiento superficial, que no te sirve de mucho (además, esto también es considerado procrastinación, ya que estás dejando el enfrentamiento contra tus miedos para una "siguiente sesión").

Lo mejor de este ejercicio es lo que vas a sacar de tu subconsciente y vas a colocar en tu consciencia. Cuando puedes usar tu neocórtex para razonar un miedo, este pierde poder, y ese es el objetivo primario de este ejercicio. Además, una frase que se suele repetir en el mundo del *coaching* como si fuera un mantra es "Solamente lo que está en el consciente es susceptible de ser cambiado".

Esto sgnifica que, si hay un miedo, o cualquier tipo de limitación que te afecta, pero no eres consciente de ella, seguirá afectándote y seguirás rumiando sobre ella, en mayor o menor grado, sin que puedas hacer nada. Sin embargo, en el momento en que tomas consciencia, conoces a tu limitación, estableces causas, consecuencias, y pones medios para eliminarla, ahí es cuando puedes hacer algo para mejorar tu calidad de vida.

Incluso si es un trauma muy arraigado del que no te puedes deshacer, ese es el salto que te hará aceptarlo, adaptarte, minimizar su impacto en ti, o en el mejor de los casos, superarlo para siempre.

Parte III. Hábitos de vida para crecer y mantener los progresos

La neuroplasticidad se define como la capacidad que tienen nuestras neuronas y redes neuronales de reajustarse. Esto, en términos simples, es lo que le permite a nuestro cerebro aprender, cambiar hábitos o diseñar nuevos hábitos. Y esta es una capacidad que está presente en el cerebro durante toda nuestra vida.

Esto es relevante porque forma parte de las funciones del cerebro buscar maneras más eficientes, rutas más cortas en todo lo que hacemos para minimizar el esfuerzo. Y es de ahí que provienen los hábitos.

Esto se relaciona con la neuroplasticidad, porque seguramente te habrás dado cuenta de que hay personas a las que les cuesta más que a otras aprender, así como a cambiar sus rutinas y hábitos. Y esto se debe básicamente a un cerebro que se "estacionó" en su zona de confort, en una serie limitada de rutinas y hábitos, por lo que desarrollar nuevas conexiones sinápticas puede llegar a ser todo un desafío.

La sinapsis es la comunicación que realizan las neuronas entre ellas y con cualquier otra célula, a través de la cual ocurre un intercambio que es, sobre todo, químico; aunque también puede ser eléctrico. Gracias a estos procesos es que los seres humanos podemos formar hábitos, que es de lo que hablaremos en los siguientes capítulos.

Capítulo 6. Autocuidado y hábitos de vida

La OMS define el autocuidado como *"la capacidad de las personas, las familias y las comunidades para promover y mantener la salud y para prevenir enfermedades y hacerles frente con o sin el apoyo de un trabajador de la salud o asistencial*" (OMS, s.f.). Y en ese mismo sentido utilizaré esta palabra en adelante.

El autocuidado abarca todas aquellas acciones y decisiones conscientes que tomamos para preservar y mejorar nuestra salud física, emocional y mental, siendo este un proceso continuo que fomenta un equilibrio en nuestras vidas.

En lo que respecta a nuestra salud emocional y mental, a través del autocuidado desarrollamos hábitos y prácticas que promueven el bienestar, prestando la debida atención a nuestros pensamientos, emociones y comportamientos, y reconociendo la importancia de cuidar de nosotros mismos como un acto de amor y respeto hacia lo que somos. A estos hábitos se les conoce como hábitos de vida, porque promueven la salud y el bienestar, mientras que a todos aquellos malos hábitos puedes considerarlos como hábitos de muerte, ya que aceleran tu llegada a ese final.

Existen muchos ejemplos de hábitos de vida que podemos integrar en nuestro comportamiento para mejorar su calidad. Y seguramente ya tú habrás desarrollado algunos de ellos. Sin embargo, voy a empezar mencionando aquí algunos que son muy básicos y generales, y luego seguiré con otros que están más enfocados en nuestra salud mental, y que son los que considero más importantes de todos los que pudieran existir.

Hacer ejercicio con regularidad

Esta es una de las primeras recomendaciones que recibimos cuando visitamos al doctor o cuando leemos sobre temas de salud. Al respecto hay muchísimas recomendaciones, dependiendo de tu edad, género, complexión, condición física, estado de salud y otros parámetros diferenciales, razón por la cual no puedo ser tan específico aquí. Lo que sí puedo hacer es, señalar las ventajas que la actividad física tiene para nuestra salud, tanto física como mental.

Voy a empezar señalando que la actividad física es un importante aliado en cuanto a bienestar emocional se refiere. Es bien conocido que hacer ejercicios hace que el cuerpo libere neurotransmisores y hormonas como dopamina, serotonina y endorfinas, responsables de generar una sensación de bienestar en el cuerpo, a la vez que actúan como analgésicos naturales en ellos. Así mismo, reducen nuestros niveles de estrés, lo que es ya de por sí una ganancia. Pero, adicionalmente, tenemos que al hacer ejercicios nuestro estado de ánimo cambia para mejor, lo que nos ayuda a minimizar o eliminar síntomas de depresión y ansiedad. Así mismo, hacer ejercicios nos vitaliza, nos llena de energía y mejora la calidad del sueño.

Ahora bien, si por alguna condición médica o disposición de tiempo no es posible para ti hacer ejercicios, al menos deberías tratar de moverte tanto como puedas en tu rutina diaria. Esto es importante porque vivimos anclados a rutinas que suelen ser muy sedentarias, y que nos obligan en gran medida a pasar muchas horas al día sentados. Además, gracias a los avances de la tecnología en nuestra civilización actual, cada vez nos movemos menos: nos movemos en coche en lugar de caminar; tomamos el ascensor en lugar de subir escaleras; y tenemos cualquier cantidad de dispositivos a mano que nos "invitan" a sentarnos o a acostarnos mientras revisamos las redes sociales o nos distraemos un poco viendo alguna película. Y así, podría llegar a ser muy poco lo que nos movemos en el transcurso de un día.

Lo ideal es que podamos disponer de algún tiempo cada día para ejercitarnos. Pero, si eso no es posible, al menos deberíamos desarrollar el hábito de levantarnos de nuestro asiento, de estirar un poco los músculos y de movernos.

Comer de manera saludable

Una dieta saludable y equilibrada, consumiendo alimentos como verduras, frutas, legumbres y el pescado, entre otros, te permitirá proteger la salud de tu cerebro y, por tanto, tu salud mental. Consumir alimentos ricos en nutrientes y evitar el exceso de azúcares y grasas saturadas puede mejorar nuestro estado de ánimo y nuestra claridad mental.

Existe una relación entre los pensamientos negativos recurrentes y la alimentación, que puede pasar desapercibida para muchos. Y esa relación está enmarcada en una patología denominada Trastorno de Conducta Alimentaria (TCA), que "*son enfermedades multicausales del ámbito psiquiátrico, las cuales se caracterizan por una preocupación excesiva por el peso y la ingesta de comida, así como la imagen corporal; y muchas veces llevan a quienes las padecen a afectar su salud debido a la intensa búsqueda por bajar de peso*" (Berny Hernández, Rodríguez López, Cisneros-Herrera, &

Guzmán-Díaz, Vol. 7,No. 14 (2020)).

Las personas que presentan trastorno de la conducta alimentaria experimentan con frecuencia pensamientos negativos relacionados con la alimentación, con el peso y con la autoimagen, que les son muy difíciles de controlar y que pueden llegar a ser emocionalmente agotadores. Para manejar estos pensamientos, se recomienda la terapia psicológica, así como estrategias de afrontamiento como la creación de pensamientos racionales alternativos, entre otras maneras de tratarlos.

Un pensamiento racional alternativo en este caso vendría a ser la adopción de una dieta saludable y equilibrada para mantener un buen estado de salud física y mental. Y en eso deberías colocar tu atención. Existe una amplia gama de recomendaciones sobre lo que deberías comer, cuándo comerlo, las porciones, las combinaciones, y cualquier cantidad de dietas que seguir si te pones a investigar el tema.

Mi sugerencia es que observes tu cuerpo y cómo reacciona ante cada tipo de alimento, para que descubras qué te sienta bien y qué no; qué te hace subir o bajar de peso; cómo te sientes después de comer cada alimento; o, si ha aparecido algún efecto perceptible en tu cuerpo después de haber empezado la ingesta de ese alimento; y que, en base a tu propia observación, definas los alimentos que mejor te hacen sentir.

Por supuesto, siempre es bien recibida la opinión de los especialistas en el tema, pero la realidad es que cada biología es única, por lo que no vas a encontrar mejor maestro que tu propio cuerpo para saber qué deberías comer. Aunque seguir mi sugerencia va a requerir que pongas tu atención en ello, si decides hacerlo te darás cuenta de que ese conocimiento te hará sentir mucho mejor, porque podrás seguir recomendaciones de otros con consciencia de cómo reacciona tu cuerpo de cara a lo que comes. Este es un hábito que considero que vale la pena que desarrolles.

Por lo general, sí te puedo dar algunas recomendaciones muy básicas y generales que a la mayoría de las personas parecen funcionarle muy bien, pero repito: tú podrías no ser de esa mayoría. Entre ellas, minimizar todo lo posible la ingesta de carbohidratos, incluso sustituirlos por grasas si es posible. También puedes consumir menos alimentos procesados, y todos o casi todos tus platos deberían incluir una parte de verduras o productos de origen vegetal, sin perjuicio de que lleven una carga proteica adecuada. Además, el consumo de fibra regular es un hábito cuyos beneficios se aprecian bastante rápido. Desayunar fuerte y cenar ligero es algo que te dará energía durante todo el día y ayudará a tu salud digestiva. Por último, siempre que puedas, evita el consumo de estimulantes como el café, té, bebidas energéticas, o tabaco; y también el de depresores como el alcohol o cannabis. Todas estas sustancias, al igual que otras aún más dañinas para el organismo, además de producir adicciones severas, desequilibran toda la química de tu cerebro y pueden desembocar en enfermedades mentales y estados de ánimo no deseables, incluso en los momentos en los que no te veas afectado por el consumo de la sustancia.

Hidratarse adecuadamente

Tu cuerpo necesita del agua para subsistir. En particular, tu cerebro debe estar bien hidratado para que pueda producir neurotransmisores como dopamina y serotonina, de los que ya te hablado. La hidratación es sumamente importante para el cerebro, ya que se ha demostrado que la ausencia de esta puede incrementar los problemas de salud mental. Además, la deshidratación incrementa los niveles de cortisol, la hormona del estrés, lo que contribuye a aumentar la tensión y la irritabilidad.

Una hidratación adecuada ayuda a tener pensamientos más claros, una mejor memoria, y enfoque y concentración aumentados. Para que el proceso de sinapsis se lleve a cabo entre las neuronas, estas necesitan tanto energía como suficiente líquido. Por tanto, beber agua en cantidades suficientes durante el día es un requisito para asegurar una cognición óptima. La hidratación le permite al cerebro y al resto de tu biología eliminar toxinas y desechos que dañan la función cerebral, así como también llevan nutrientes al cerebro.

Respetar los horarios de sueño

Es bien conocido el hecho de que el sueño es un estado natural de descanso para el cuerpo y la mente. La ausencia del sueño te puede llevar a experimentar bajones de energía, además de exacerbar tu irritabilidad y tu frustración, lo que repercutirá en tu estado de ánimo. El sueño es necesario porque le permite a tu cuerpo reparar sus tejidos, mientras que estimula tu sistema inmunológico. Así mismo, tu mente se libera de las preocupaciones y del estrés del día.

En un artículo publicado en la revista "*Cognitive Therapy and Research*" se menciona que las personas que duermen pocas horas y que se acuestan muy tarde, son las que se sienten a menudo más abrumadas por los pensamientos negativos, en comparación a quienes duermen lo necesario y en un horario estable. "*Ya estudios anteriores habían relacionado los problemas de sueño con los pensamientos negativos recurrentes, sobre todo en los casos en que una persona no duerme lo suficiente y acaba angustiándose excesivamente sobre el futuro, piensa demasiado en el pasado y experimenta temores típicos de quienes sufren trastorno de ansiedad generalizada, trastorno depresivo mayor, estrés postraumático, trastorno obsesivo-compulsivo y fobia social*". (Nota & Coles, 2015).

De acuerdo con las conclusiones mencionadas en este artículo, los autores creen que "*procurar dormir lo suficiente, y en un horario estable, podría beneficiar a las personas que están en riesgo de desarrollar un trastorno caracterizado por tales pensamientos negativos recurrentes*", por lo que desarrollar el hábito de dormir lo suficiente y en un horario estable no es solo beneficioso para la salud, sino que puede contribuir activamente a minimizar la posibilidad de desarrollar un trastorno a causa de pensamientos negativos recurrentes.

Construir relaciones sociales y de amistad saludables

Es ampliamente aceptado que compartir experiencias y cultivar relaciones recíprocas, de soporte mutuo, con familiares, amigos y compañeros ayuda a mejorar el bienestar emocional. Pero, además, el hecho de contar con personas cercanas a ti con las que puedas hablar sobre sus sentimientos con una persona de confianza es un beneficio colateral. Porque, ocasionalmente, todos tenemos pensamientos negativos. Y tener a alguien con quien poder hablar de ellos nos puede ayudar a poner esos pensamientos en perspectiva.

Por eso, es importante desarrollar este tipo de relaciones saludables, en las que disfrutes pasar tiempo con familiares y amigos. Dedícate a establecer conexiones sociales. Y si no tienes por costumbre relacionarte mucho con las personas, tal vez sea tiempo de salir de tu zona de confort y empezar a conocer gente. Encuentra una comunidad de fe, o de organización política, o cualquier otra índole, que se ajuste a tus requerimientos; únete a un club deportivo practicando algún deporte de equipo; apúntate a clases de baile, o de un idioma completamente nuevo (siempre que sea en un grupo de personas, nunca individualmente); búscate un pasatiempo nuevo; únete a alguna organización de tu comunidad, por ejemplo, de voluntariado.

Busca la manera de relacionarte con más personas, de manera que encuentres algunas con las que sintonices y puedas desarrollar relaciones de amistad. Tener gente cercana a ti emocionalmente te va a ayudar también a alejar de tu mente esos pensamientos negativos recurrentes.

Divertirse no es solo para niños

Es comprensible que tengas que cumplir con ciertas responsabilidades en tu vida, y que te guste cumplir con ellas a rajatabla. Pero eso no impide que te diviertas un poco o que te las arregles para pasarla bien.

Si te mantienes ocupado en tus responsabilidades diarias y no tienes tiempo para descansar y relajarte, busca la manera de abrir esos espacios. Estipula tiempos de descanso para ti. En el afán de entregar los trabajos a tiempo y con la calidad deseada, a veces se nos pasa por alto tomarnos algún tiempo para descansar, a pesar de ser algo fundamental para conservar una mente relajada y tranquila que nos permita rendir al máximo.

Tener hobbies y actividades de entretenimiento ayuda a generar nuevas ideas y a ser más creativos. Por eso te invito a que hagas algo que sea bueno para ti. No te tomes la vida tan en serio, y que ella no te toma tan en serio a ti. Puede que hoy, en lugar de llegar a casa a la hora que habitualmente lo haces, salgas un poco más temprano y te dediques a jugar un poco más con tus hijos. O, tal vez quieras llevar esta noche a tu pareja a alguna función de Stand-Up, un monólogo, para reíros un rato mientras tomáis un trago.

Regálate una rutina en la que te permitas disfrutar un rato de la vida, salir con tus amigos, divertirte un poco, reírte de todo y de todos con todos, sin más razón que la de querer pasar un rato divertido. Tómate un tiempo para relajarte, porque te lo mereces.

Hablar de tiempo de descanso, relajación y disfrute, es hablar de tiempo de ocio. El ocio se define como "*Cesación del trabajo, inacción o total omisión de la actividad*". También se define como el "*tiempo libre de una persona*" (Real Academia Española, s.f.). Es realmente el tiempo en el que no tenemos que ocuparnos atendiendo alguna responsabilidad. Y considero importante señalar aquí que, si utilizamos como criterio la manera de aprovechar el tiempo de ocio de una persona, tenemos dos tipos de ocio: el **ocio pasivo**, que es el tiempo que invierte una persona en realizar cualquier tipo de actividad que no le genera ningún provecho a nivel personal, más allá de disfrutarlo, diversiones consideradas por la sociedad como fútiles, poco nutritivas o superficiales, como podrían ser, ver alguna película o escuchar música; y, el **ocio activo**, que es el tiempo que invierte una persona en actividades que le generan beneficios, que la enriquecen a nivel personal, ya sea porque aprende algo nuevo, o porque fortalece algún aspecto psicológico o espiritual, como podrían ser leer un libro, meditar, practicar algún deporte, caminar, correr, jugar ajedrez, resolver crucigramas, bailar, o tomar un curso, entre otras actividades.

Ejercicio práctico

Evalúa de manera objetiva en dónde te encuentras tú en cada uno de las áreas que te acabo de explicar en lo que respecta a tus hábitos utilizando la siguiente escala:

1 – No es algo de lo que haya tenido consciencia hasta ahora.
2 – Lo hago ocasionalmente.
3 – Lo hago con cierta frecuencia.
4 – Lo hago regularmente.
5 – Forma parte de mis hábitos.

1 Te ejercitas de manera regular, al menos tres veces por semana, por media hora como mínimo. __________
2 Cuidas lo que comes. Eliges productos naturales sobre artificiales. Comes frutas, verduras y legumbres de manera regular. Evitas las sustancias dañinas para tu organismo. __________
3 Bebes agua regularmente, en cantidades adecuadas. __________
4 Duermes lo suficiente, en un horario regular. __________
5 Tienes relaciones saludables con familiares y amigos. Si tuvieras necesidad de hablar con alguien algo muy personal, tienes con quién hacerlo. __________
6 Te ríes con frecuencia. Juegas por el placer de hacerlo. Tienes facilidad para divertirte en cualquier momento. __________

Una vez completada tu encuesta, decide en cuál de esos puntos te gustaría trabajar para mejorar tu puntuación, y escribe cuál o cuáles acciones tomarás para lograr esa mejora.

Capítulo 7. Hábitos de vida para minimizar pensamientos negativos recurrentes

Todas estas sugerencias de hábitos que he mencionado anteriormente podríamos decir que son las recomendaciones más básicas que se pueden hacer para mantener una buena salud a nivel físico y mental. Pero así como hay hábitos de vida que podríamos llamar generales, existe también la posibilidad de desarrollar otros tipos de hábitos que te ayuden a minimizar, y si es posible, desaparecer, esos pensamientos negativos recurrentes que te atormentan. A continuación, te menciono y explico algunos de ellos.

Concéntrate en cómo te sientes en este momento

No trates de evadir tu estado de ánimo. Todo lo contrario: vívelo y siéntelo tal y como lo estás experimentando. Si estás triste, siente tu tristeza. Si estás frustrado, siente tu frustración. Pero, en ese proceso, reconoce que no siempre te has sentido así, y que no te sentirás así el resto de tu vida. Lo que sientes es algo que está ocurriendo en este momento, y seguirá ocurriendo hasta que decidas dejarlo ir. Desarrollar el hábito de reconocer y de concentrarte en lo que estás sintiendo en el momento presente te permite tomar el control de esa emoción, de manera que puedas decidir cuándo es el momento de dejarla ir.

Autorreflexión y autoconocimiento.

Toma nota de cada pensamiento negativo que llega a tu mente, y trata de descifrar cómo llegó allí, qué le dio entrada, y qué dice eso de ti. Desarrollar este hábito te permite hacerte consciente de esos pensamientos negativos que te atormentan y de su recurrencia, lo que representa el primer paso para cambiar tu manera de pensar.

Desarrolla una forma de pensamiento saludable

El pensamiento saludable es aquel que puede enseñarte a saber qué pensamientos tuyos, tanto útiles como inútiles, afectan pensamientos o sentimientos que te preocupan. Con práctica, tú puedes aprender a usar pensamientos acertados que lo alienten, en vez de pensamientos negativos que lo desalienten. Piensa positivo. Darle rienda suelta a la mente en algunos casos puede afectar el bienestar y salud emocional. Sabemos que son inevitables los malos momentos; pero practicar la gratitud y buscar el lado positivo a cada una de ellas es un camino que nos puede llevar a vivir una vida plena.

Sé agradecido

Creo que, debido a un tema cultural, los seres humanos estamos más enfocados en ver más lo negativo que lo positivo. Puede que en el transcurso de un día nos hayan ocurrido nueve eventos positivos y uno negativo, y del que seguramente hablaremos será del negativo. Porque, siempre nos ocurren cosas positivas, aunque no seamos capaces siquiera de notarlas. Y eso es algo en lo que tenemos que trabajar. Tenemos que ser agradecidos por lo bueno que nos pasa cada día. Desarrollar este hábito te va a permitir dejar de guiar tu vida desde lo negativo. Algo que te puede ayudar es llevar un diario en el que apuntes al final del día las cosas positivas que te han pasado, y por las cuales estás agradecido. Cultivar una actitud de gratitud te puede ayudar a mejorar significativamente tu bienestar emocional, así como a cultivar una mentalidad positiva.

La gratitud es ese "*sentimiento que obliga a una persona a estimar el beneficio o favor que otra le ha hecho o ha querido hacer, y a corresponderle de alguna manera*" (Real Academia Española, s.f.). Una persona agradecida es aquella que toma consciencia de haber sido beneficiada, aunque esto, a fin de cuentas, no sea más que una percepción. Y lo digo porque hay personas que, a pesar de haber recibido un beneficio evidente, no son conscientes de ello. Por tanto, la gratitud depende en gran medida de cómo interpretes la realidad. Lo que sí es un hecho es que, una persona agradecida es una persona con una perspectiva positiva de la vida.

Se han hecho estudios en relación a la gratitud y cómo esta es relevante para la psicoterapia, la prevención y la promoción de la salud mental que han arrojado conclusiones sumamente interesantes: "*se asocia a mayores niveles de bienestar subjetivo y físico, implica procesos de pensamientos que resaltan los aspectos bondadosos del mundo, mundo social y de la vida en general, facilita el desarrollo de vínculos positivos y el crecimiento postraumático*" (Moyano, 2010). Así que, parece evidente que vale la pena intentar ser agradecido, ya que son más los beneficios que te ofrece que el esfuerzo que tendrás que hacer para agradecer. Así que, ¿por qué no intentarlo?

Desarrollar una mentalidad de crecimiento sin la obsesión por los errores

Una mentalidad de crecimiento implica una manera característica de enfrentar los retos y adversidades. Las personas que poseen una mentalidad de crecimiento no están limitadas por sus capacidades actuales, sino que están convencidas de que sus capacidades pueden evolucionar, incluso cuando consideran que no poseen algunas habilidades o que las tienen poco desarrolladas. Para estas personas, todo se puede mejorar gradualmente a través de la práctica constante y disciplinada. La contraparte de una mentalidad de crecimiento sería una mentalidad fija, en la que se cree que nacieron con una cuota fija de habilidad que no se puede alterar sin importar cuánto se esfuercen. Por el contrario, las personas con una mentalidad fija creen que la mente es rígida, aun cuando es evidente que esto de la mentalidad fija o de crecimiento no es algo absoluto, ya que hay personas que por momentos exhiben una mentalidad fija, mientras que en otros momentos exhiben una mentalidad de crecimiento.

Fue la psicóloga estadounidense Carol Dweck la que acuñó este término de mentalidad de crecimiento, después de estudiar junto con sus colegas la actitud de miles de niños ante el fracaso, refiriéndose a todas aquellas creencias sobre el aprendizaje, las habilidades y la inteligencia. A través de sus estudios, esta investigadora se dio cuenta de que las personas que creen en sí mismas, pueden llegar a ser más talentosas, inteligentes o competentes que aquellas que no lo hacen, y que esas personas reconocen que el esfuerzo les va a permitir crecer, hacerse más fuertes, los que las llevará a obtener mejores resultados. Por eso, no tienen problema en invertir su tiempo, esfuerzo y energía en mejorar sus habilidades. Esa es una mentalidad de crecimiento…

Para poder desarrollar una mentalidad de crecimiento es necesario cumplir con algunos pasos. El primero de ellos sería: **reconocer la propia mentalidad**. Aquí es vital que desarrolles tu capacidad de autoobservación. Tienes que darte cuenta de cuáles son esos pensamientos que abordan tu mente cuando las cosas no salen como esperas, cuando hay errores, obstáculos o desafíos que te mueven de tu zona de confort.

A continuación, tienes que **aceptar que tú tienes el poder y la autoridad de cambiar todas tus creencias,** todas esas creencias que te llevan a actuar desde una mentalidad fija. Si te sorprendes pensando: "*es que yo no sirvo para eso*", tienes que decidir cambiar esa creencia por una más orientada al crecimiento como: "*estoy en capacidad de aprender lo que sea*". Como ya te expliqué antes, la mente no es rígida, sino flexible. Pero, solo tú tienes la capacidad de cambiarla.

Una mentalidad de crecimiento se logra al **reformular tus creencias desde una perspectiva positiva**, constructiva, alineada con la confianza que tienes en ti mismo y en tus capacidades, en lugar de hacerlo desde el miedo. Si quieres desarrollar una mentalidad de crecimiento, tu motivación no debe partir nunca del miedo, sino de la confianza y la valoración que haces de ti mismo, de tus capacidades y potencialidades. Para ello, tal vez será necesario que trabajes un poco en tu autoestima, en la seguridad en ti mismo.

Ejercicio práctico 1

Para este ejercicio, te invito a que identifiques en tu vocabulario habitual cinco frases u oraciones que dices con frecuencia y que denotan una mentalidad fija. Y, una vez identificadas, te invito a que reflexiones sobre las siguientes preguntas para cada una de esas frases u oraciones:

1 ¿De dónde provienen? ¿Es algo que escuchaste en tu infancia? ¿De quién? ¿Es algo que aprendiste en el ámbito académico? ¿Es algo que captaste en tu vida profesional? ¿De dónde crees que adoptaste esa frase u oración? ¿Es de tu propia cosecha?

2 ¿Por qué crees que adoptaste esa frase u oración en tu vocabulario? ¿Se te pegó? ¿Crees que es verdad? ¿Era más sencillo para ti que te dejaras llevar por lo que decían los demás? ¿Te tomaste el tiempo de verificar la veracidad de esa frase u oración?

3 ¿Cómo reformularías esa frase u oración para que denote una mentalidad de crecimiento?

4 ¿Estarías dispuesto a sacar esas frases u oraciones de tu vocabulario y reemplazarlas por cinco nuevas frases u oraciones que denoten una mentalidad de crecimiento? Si es así, adelante.

Unos ejemplos muy comunes de este tipo de frases o creencias son "tengo muy mala imaginación", "esto no se me da bien", "no me siento cómodo haciendo esto", "mi personalidad no concuerda con esto". Estos ejemplos deberían servirte para identificar aquellas áreas que no has cultivado lo suficiente por una simple creencia limitante.

Ejercicio práctico 2

La gratitud es una herramienta sumamente poderosa para reprogramar la mente hacia una perspectiva de la vida más positiva y gratificante. Es por ello que quiero invitarte a hacer el siguiente ejercicio: escríbele una carta, si es posible a mano, a una persona por la cual sientas un profundo agradecimiento. Tienes que sentirte agradecido por tener a esa persona en tu vida.

En esta carta, vas a expresar todas aquellas cualidades que admiras de esa persona, con tanto detalle como te sea posible, vas a explicarle cómo su presencia en tu vida la ha mejorado significativamente, y qué tanto valoras su amistad.

Una vez que hayas escrito tu carta, y estés satisfecho con lo que en ella expresas, entrégala a la persona a la que se la escribiste de manera personal. No trates de hacer algo especial para entregarla. Simplemente, hazlo, y no te hagas expectativas con respecto a la reacción de la persona que la recibe. Seguramente el hecho de que esa persona no espera que tú hagas algo así, incrementará su impacto. Pero, en realidad, ese no debería ser tu objetivo. Tu objetivo debería ser el hacerle saber a esa persona cuánto le agradeces por estar en tu vida.

Si esa persona se alegra y te agradece el gesto, pues, será un beneficio colateral. Pero, el verdadero beneficio para ti estará en experimentar de manera plena el agradecimiento por alguien más, en tomarte el tiempo de expresarlo con claridad, y sentir cómo ese gesto te nutre en niveles que nunca antes experimentaste. Eso te podría motivar a seguir expresando tu agradecimiento de manera espontánea y en el momento presente.

Capítulo 8. Ayuda profesional

Si te das cuenta de que no estás teniendo avances por tu cuenta a la hora de enfrentar los pensamientos negativos recurrentes, puedes solicitar ayuda de un profesional de la salud mental. Pero, para dar ese paso, antes tienes que ser honesto contigo mismo. Tienes que tener muy claro por qué estás acudiendo a ese profesional y qué esperas obtener de él o ella. De todo esto hablaremos con más detalle en el siguiente capítulo.

Existen diferentes tipos de ayuda profesional a la que podemos acudir en caso de necesitar orientación en lo que respecta a la salud mental. En ese sentido, tenemos orientadores, terapeutas, trabajadores sociales clínicos, psicólogos y psiquiatras, cada uno de ellos con perfiles y especialidades diferentes, pero cada uno de ellos expertos en salud mental, aunque con diferentes niveles de formación y, en algunos casos, ofreciendo servicios de salud mental diferentes, dependiendo de su especialidad.

Conozco a una persona que es terapeuta ocupacional, y que además trabajó en casos de salud mental. Como me considero una persona sumamente curiosa en lo que respecta a los temas de la mente, recuerdo que una vez le pregunté: "*oye, exactamente ¿qué es lo que haces como terapeuta? ¿Trabajas con terapias de psicología? ¿Recetas medicamentos?*"

Esta persona me respondió que un terapeuta ocupacional podría dedicarse a muchas cosas dentro del ámbito de la salud mental. Pero, lo que él hacía era asegurarse de que sus pacientes desarrollaran hábitos de salud mental para evitar desarrollar enfermedades mentales, o, si ya estaban presentes, evitar que estas se agravaran. Y, puede que uno se alarme al escuchar el término "enfermedad mental", pero ya debería ser información de uso común saber que una enfermedad mental no tiene por qué ser algo grave, ya que las hay de todo tipo.

Entre otras cosas, me explicó que, un factor importantísimo viene a ser los hábitos de vida, razón por la cual esta persona se dedica a enseñar a otras personas a comer saludable, a dormir bien, a hacer ejercicios y, en términos generales, a desarrollar hábitos que les permitieran tener calidad de vida. Y cuando esta persona se daba cuenta de que ellos no eran capaces de desarrollar esos hábitos, pues, él les daba ciertas pautas para ayudarlos y orientarlos en el proceso.

Entre todos los ejemplos que mencionó, el que más se me ha quedado es el ayudar a crear el hábito en las personas de limpiar sus casas, porque me hizo mucho sentido su explicación. Esta persona sostiene que, la manera en la que mantienes tu casa es un reflejo de cómo funciona tu mente. Si tu casa está todo el tiempo sucia y desordenada, así estará tu mente. De la misma manera, si tu espacio está limpio y ordenado, así será tu propia mente.

Y, puede que normalmente seas ordenado en tu vida, pero hay épocas en las que tu mente está más confusa, y es cuando tiendes a dejar muchas de estas actividades de lado. Actividades como la higiene personal y la limpieza de los espacios en los que vives. Y en esos casos, es cuando un profesional de la salud mental te podría ayudar a retomar el control de tu vida.

Profesionales de la salud mental

Te voy a explicar de manera general cuáles son los tipos de profesionales asignados al tema de la salud mental, y luego te explicaré a cuáles deberías acudir en caso de requerir ayuda con los pensamientos negativos recurrentes.

Psiquiatras

Estos profesionales son médicos que han cursado todo el grado en medicina, y que siguen estudiando alrededor de cuatro años más para especializarse en psiquiatría, que es la ciencia que atiende y trata a las personas con enfermedades mentales.

Estos profesionales están facultados para prescribir medicamentos, aunque tratan a sus pacientes de diferentes modos: drogas, apoyo psicológico, diferentes terapias de conversación y métodos para mejorar las circunstancias cotidianas y sociales del paciente. Sus lugares de trabajo suelen ser hospitales psiquiátricos, hospitales generales, y también prisiones.

Una característica importante a resaltar aquí es que un psiquiatra en un doctor en medicina, y es por eso que está facultado para prescribir drogas y medicamentos. No ocurre así en el caso de los psicólogos, que es el perfil profesional que veremos a continuación.

Psicólogos

La carrera de psicología se enfoca en preparar a los profesionales para estudiar la mente de las personas. La psicología forma parte de lo que se conoce como ciencias sociales, en donde también están la filosofía y la sociología, entre otras.

La especialidad del psicólogo es el estudio del pensamiento, de la conducta y de las emociones. Te puede ser de utilidad para enfrentarte a ciertas situaciones en tu entorno que te son difíciles de gestionar por tus medios. A mí me gusta ver a los psicólogos como una especie de *coach* de la mente, que no te va a decir cómo resolver tus problemas, sino que va a trabajar contigo para que te vayas dando cuenta de las soluciones por tus propios medios.

Tanto el psiquiatra como el psicólogo pueden tratar enfermedades mentales sin importar si son graves o leves, pero como diferencia más notable entre un psicólogo y un psiquiatra, tenemos que el psiquiatra tratará a los pacientes con una enfermedad mental que requiere ser tratada mediante psicofármacos. En algunas enfermedades, esto es inevitable (por ejemplo, en casos de esquizofrenia o trastorno bipolar), y en otras puede llegar a ser opcional (este es el caso de ciertos trastornos de personalidad o, a veces, de la depresión, siempre que no llegue a agravarse).

En algunos países, la decisión de tomar psicofármacos o no tomarlos depende del paciente, sin importar la gravedad de la misma, aun así, los psiquiatras deben hacer recomendaciones como profesionales de la medicina. Además, incluso si un paciente es tratado por un psiquiatra, suele requerir adicionalmente una terapia con un psicólogo, ya que el primero prescribirá medicamentos, mientras que el segundo dará pautas para enfrentarse a sus emociones y a su vida cotidiana. En cambio, si el paciente no necesita de fármacos, una terapia con un psicólogo suele bastar.

Terapeutas ocupacionales

Para que no te vayas a confundir, voy a empezar diciendo que, cuando decimos "terapeuta", solemos referirnos a un psicólogo. Un terapeuta ocupacional es un profesional que ha estudiado una carrera universitaria distinta.

Los terapeutas ocupacionales son profesionales que trabajan en muchos aspectos distintos, sin necesidad de entrar en el terreno de la salud mental. Este es el caso de los terapeutas ocupacionales que trabajan con ancianos, evaluando el grado de deterioro cognitivo, o diseñando actividades específicas para cada paciente. También existen terapeutas ocupacionales que trabajan con personas con una discapacidad, sea cognitiva, sensorial, física o de cualquier tipo. En estos casos, adaptan tareas cotidianas o enseñan a desenvolverse a personas con estas dificultades, tanto si son adquiridas como de nacimiento.

Si nos centramos en el ámbito de la salud mental, los terapeutas ocupacionales se dedican a evaluar los hábitos del paciente, sus rutinas, su alimentación, sueño, tiempo de ocio, higiene, su capacidad para desenvolverse en la vida diaria, y orientan a estas personas en cómo conseguir sus objetivos y mantenerlos. También hay otras especialidades de la terapia ocupacional que rozan con la psicología, como el *coaching*.

Tipos de terapias psicoemocionales

Existe cierta variedad de terapias psicoemocionales a las que podrías acudir dependiendo del problema que estás presentando. Y, obviamente, yo no te puedo decir en estos capítulos, sin una entrevista personal, cara a cara, cuál deberías usar. Pero lo que sí te puedo decir es cuáles son las más utilizadas, y para qué se utilizan.

- **Terapia Gestalt**. Esta es una psicoterapia que se centra en el desarrollo personal, en la capacidad de vivir en el aquí y en el ahora, por lo que puede ser de mucha utilidad para para personas cuyos pensamientos tienden a divagar entre pasado y futuro. La terapia no presta tanta atención a tu pasado, sino que te lleva a vivir en el presente, eso sí, resolviendo tus problemas del pasado. Esta es una terapia muy útil para quienes estamos en el camino del autodescubrimiento. Por eso la he colocado en primer lugar.

- **Terapia cognitivo-conductual**. De esta terapia ya te he hablado, así que no me extenderé mucho. Esta es una terapia que busca que el paciente aprenda a modificar su conducta identificando las maneras de pensar que las producen.

- **Terapias neuropsicológicas**. Estas son terapias dirigidas a pacientes que han experimentado algún daño en su cerebro o en su sistema nervioso.

- **Terapia psicoanalítica**. Esta sea tal vez la terapia más famosa de todas, debido a Sigmund Freud, y su famosa teoría del psicoanálisis. Esta terapia se centra en el subconsciente, ya que considera que la mayoría de los problemas del ser humano residen ahí.

- **Terapia sistémica**. Esta es una terapia muy utilizada cuando se trata de resolver problemas de pareja y de familia, centrándose en las relaciones sociales en la vida del grupo familiar.

Testimonio

Con respecto al tema de los psicólogos, psiquiatras y terapeutas, conozco a muchas personas que me han dicho: "*hombre, pero es que le he estado dando vueltas a esto y yo no necesito ir a un profesional, porque yo no estoy tan mal*", como si fuera un requisito para buscar ayuda de profesionales de la salud mental estar en estar en las últimas, a punto de volverte loco.Yo no lo veo de esa manera.

Como ya te he contado, un psiquiatra es un médico facultado para prescribir fármacos, y un psicólogo, un profesional de la salud mental que hace terapias con sus pacientes, que normalmente son terapias conversadas, aunque se pueden hacer muchos tipos de actividades en ellas.

Lo que quiero decir con esto que, si tienes pensamientos recurrentes, lo más normal es que acudas a un psicólogo. Ellos se dedican específicamente al tema de los pensamientos recurrentes, porque es algo que hacen todos los días. Y es precisamente esa una de las razones por las cuales deberías ir a un psicólogo si no puedes controlar esos pensamientos negativos recurrentes. Porque, muchas veces, esos pensamientos recurrentes se enquistan en tu mente y derivan en problemas más serios, como ya he mencionado. Y esto no es algo que diga yo, sino que los mismos psicólogos sostienen. Por supuesto, tendrán algunos pacientes con patologías más severas que los pensamientos negativos recurrentes, como la depresión o la ansiedad, pero estas serán consecuencias de esos mismos pensamientos recurrentes, como está ya más que demostrado.

Hay muchas personas también que acuden a estos dos tipos de profesionales, tanto psicólogos como psiquiatras, porque lo que están experimentando no se limita solo a los pensamientos negativos recurrentes, sino que, además, escuchan voces o tienen algún desequilibrio químico en su cerebro, para lo cual requerirán ayuda de un psiquiatra para estudiar su caso y recetarle medicamentos que le ayuden a controlar esos desequilibrios. Por ejemplo, las personas que tienen trastorno bipolar, si no se toman un medicamento, es posible que entren en estados de depresión o de euforia. Y cuando hablamos de desequilibrios químicos en el cerebro, no es algo que vayas a poder resolver por tu cuenta, por mucho que te esfuerces.

La buena noticia es que hay personas que presentan enfermedades mentales graves, pero que, con la medicación adecuada, suelen vivir vidas normales. Esa es básicamente la diferencia que veo entre psiquiatras y psicólogos. Si bien es cierto que los psiquiatras podrían en ciertas circunstancias dar terapias, para el caso de pensamientos recurrentes, mi recomendación es que acudas primero a un psicólogo.

Parte IV. Vivir en sociedad con ideas recurrentes

Como ya te habrás podido dar cuenta, vivimos en una constante lucha, cuyo campo de batalla es nuestra mente. En ella se instalan esos pensamientos negativos intrusivos, que nos sacan de nuestro punto de equilibrio, y que nos llevan a padecer estados mentales no deseados. Pero, así son las cosas. Tenemos que aceptar esa realidad, aunque no tengamos que resignarnos a ella. Hay cosas que podemos hacer, herramientas que podemos utilizar, y cambios de perspectiva que podemos propiciar en nosotros mismos y que nos van a permitir, de a poco, tomar el control del campo de batalla que es nuestra mente.

Creo que aquí lo más importante es la toma de consciencia. Entender que nosotros no somos nuestra mente, sino quienes tienen una mente. Y, bajo esa premisa, y con ayuda de las herramientas que hemos visto y las que siguen, tomemos el control de nuestras mentes. Ese es el gran objetivo, nuestro Everest. Por eso en los siguientes capítulos te hablaré sobre cómo puedes vivir en sociedad, con todo lo bueno y lo malo que esta implica, pero haciéndote con el control de tu mente y los caminos por los que esta quiere llevarte, especialmente cuando no son adecuados para tu salud.

Capítulo 9. Escucha activa

La mente no descansa. Está constantemente elaborando teorías, juicios y conclusiones, muchas de las cuales son equivocadas, e incluso, inexistentes, producto de nuestra propia ignorancia en relación a una situación o persona, de nuestras expectativas y de malos entendidos porque no le hemos prestado la atención debida a nuestras interacciones con los demás. Y es justamente en este último punto cuando escuchar atentamente se hace relevante.

Considero que es cosa habitual que, al estar sumergidos en una conversación o discusión, en lugar de escuchar el argumento del otro, comprenderlo, para luego diseñar una respuesta adecuada, de una vez nos ponemos a fabricar una respuesta instantánea con lo que vamos captando del argumento. Porque el objetivo nuestro no es realmente llegar a un intercambio de ideas productivo en el que salga a relucir una verdad para beneficio de ambas partes, sino que, por lo general, el objetivo es ganar en esa discusión, conversación o debate.

No sé si eso te ha ocurrido a ti en alguna oportunidad, pero, a mí solía ocurrirme con más frecuencia de la que me gustaría reconocer. Sobre todo, en mis años como adolescente, cuando mi ego estaba desbordado y mi necesidad de ser reconocido y aceptado estaba en pleno desarrollo. Ahora, ya no tanto, porque tengo muy claro que una discusión solo es productiva cuando existe un intercambio de ideas abierto y honesto. Además, ya estoy familiarizado con la **escucha activa**, la practico en mis interacciones con los demás, y es por eso que voy a compartir contigo un poco de lo que he aprendido.

La escucha activa se trata nada más y nada menos de **escuchar para entender**. No de escuchar para responder rápido, para impresionar a alguien, para ganar una discusión o para soltar respuestas ingeniosas, sino para comprender lo que la otra persona está diciendo. Este término fue acuñado por Carl Rogers, un psicólogo estadounidense que, junto con Abraham Maslow, introdujeron un enfoque humanista a la psicología.

Ahora bien, al hablar de escucha activa, tu bien podrías argumentar: "*pero, ¿no es de eso de lo que se trata escuchar?*" Creo que así debería ser, pero la experiencia me dice que no sabemos escuchar realmente. Tal parece que nuestra atención está dividida muchas veces, por lo que no estamos escuchando de verdad, ya sea porque nuestra atención está puesta en otras tareas o actividades, porque estamos sumergidos en nuestro mundo interior, porque no tenemos ningún interés en participar en esa conversación, porque queremos "ganar" la discusión, porque queremos restarle importancia a lo que le otro dice, o por la razón que sea. El punto es que, aunque escuchemos los sonidos que salen de la boca de la otra persona, si nuestra atención no está puesta en ellas, es poco o nada lo que podremos entender. Y es de eso justamente que trata la escucha activa.

Hay una frase que yo siempre asocio con el tema de la escucha activa: "el conocimiento es poder". Cuando tú escuchas para entender, estás adquiriendo un poder, aunque muchas veces no sea de la manera cómo te lo imaginas. Si prestas atención a lo que dice tu pareja, por ejemplo, estás ganando entendimiento de ella, lo que siente y padece; si escuchas para entender a tus hijos, los vas a conocer mejor, sabrás cómo razonan, y qué los mueve; si practicas la escucha activa con tus compañeros de trabajo, entenderás sus motivaciones y cómo se sienten. Entender a la persona con la que interactúas te permite comunicarte mejor con ella.

Es por eso que la escucha activa entra dentro de la categoría de escucha empática. Porque sí, hay varios tipos de escucha activa: **empática**, que es escuchar para comprender; **apreciativa**, cuando escuchas por placer; **comprensiva**, cuando escuchas para aprender; y, **crítica**, cuando escuchas para formarte una opinión de lo que alguien más dijo.

Cómo se aplica la escucha activa

Aunque no existe una receta exacta de cómo aplicar la escucha activa, sí es cierto que hay señales que tú le puedes dar a tu interlocutor para hacerle saber que toda tu atención está puesta en lo que está expresando, no solo de manera verbal, sino a través de sus gestos, la entonación de su voz, y demás elementos no verbales de la comunicación.

- **Trata de no interrumpir**. Esto es importante, sobre todo cuando el tema de conversación es interesante para ti, por lo que sientes la tentación de participar compartiendo tu experiencia y conocimiento. No lo hagas. Enfócate y trata de comprender lo que está diciendo, que es tu objetivo primario.

- **Utiliza sus pausas para parafrasear, resumir o preguntar**. Si lo que estás escuchando resulta ser algo corto, apenas la otra persona finalice, parafrasea lo dicho para corroborar que entendiste el mensaje transmitido. Pero, si es un tema más largo, utiliza las pausas que esa persona haga a lo largo de su relato para asegurarte de que estás entendiendo lo que te está contando. Invítala a seguir hablando haciéndole preguntas cortas y abiertas del tipo: ¿Cómo te sentiste?; ¿Qué puedo hacer para ayudarte?

- **Evita los juicios de valor**. No solo debes evitar emitir juicios con respecto a lo que estás escuchando, sino que debes evitar hacerlos en tu mente. Tienes que aprender a ubicarte en la posición de un observador imparcial, que solo quiere entender la situación. No la quieres resolver, ni quieres decirle qué hacer a la persona. Solo enfócate en entender.

- **Utiliza lenguaje no verbal positivo para evitar interrumpir.** Esto se trata de hacerle saber a la otra persona que le estás dando toda tu atención, ya sea a través del contacto visual, a través de una postura relajada, asintiendo con tu cabeza de vez en cuando para hacerle saber que la estás escuchando, y evitando cruzar los brazos.

La escucha activa se trata de hacerle saber a la otra persona que toda tu atención está puesta en ella, por lo que tanto tu lenguaje verbal como no verbal tienen que estar alineados con esa premisa.

Beneficios de la escucha activa

El primero de los beneficios que voy a mencionar de la escucha activa es, su posibilidad de **mejorar las relaciones interpersonales**. El simple hecho de sentir que la persona con la que estoy hablando está poniendo toda su atención en lo que estoy diciendo, me hace saber que le importa lo que tengo que decir. Y eso, simplemente, eleva mi nivel de empatía. Y, como consecuencia de lo expresado anteriormente, la escucha activa puede llegar a generar una **mejora significativa en la comunicación con esa persona**.

Como ya te he explicado antes, el conocimiento es poder. Cuando tú eres capaz de entender plenamente lo que tu interlocutor te está diciendo, va a ser mucho más sencillo para ti **tomar mejores decisiones**, decisiones informadas, en relación con esa persona, ya que entiendes lo que ella ha expresado. Además, esto es particularmente importante en un contexto de ambiente laboral. Cuando hablamos de un escenario laboral, la escucha activa puede ser de gran utilidad para **construir un ambiente de trabajo positivo o para mejorarlo**, ya que se van a incrementar los niveles de empatía entre los integrantes del grupo de trabajo.

Ejercicio práctico

Este es un ejercicio de visualización, en el que te invito a visualizar una interacción entre tú y la persona que elijas. Esto que vamos a hacer es más o menos una simulación de lo que sería tu conversación real con esa persona. Supongamos que lo que le quieres contar es, lo que hiciste el fin de semana. Así que lo primero que debes hacer en esta simulación es, recordar lo que hiciste y definir lo que le quieres contar.

Una vez cumplido el paso anterior, debes imaginarte que ya estás con esa persona y que le estás contando de tu fin de semana. De lo que le estás contando, ¿en cuáles hechos te detendrías más? ¿En cuales le ofrecerías más detalles?

Ahora, vas a visualizar cuál ha sido la reacción de esa persona en relación con lo que le has contado. Vas a visualizar a esa persona atenta todo el tiempo, mostrándote un lenguaje tanto verbal como no verbal que indican que toda su atención está puesta en lo que estás diciendo. Ella ha resonado plenamente con las emociones que le has transmitido en tu relato: se ha alegrado por las buenas noticias, se ha enojado por las agresiones hacia ti, y en todos los casos ha mostrado gran empatía a lo largo de tu relato. Además, nunca te interrumpió. Permitió que te extendieras todo lo que quisiste, y además te invito a hacerlo en varias oportunidades haciéndote preguntas abiertas. En pocas palabras, ha sido una atenta escucha. Y así concluimos la primera parte de este ejercicio. ¿Cómo te sentiste a lo largo de esa visualización?

Para la segunda parte, vas a visualizar el mismo escenario, la misma persona a la que le estás contando de tu fin de semana, pero, en esta oportunidad su actitud es completamente diferente. Cada vez que intentas hilvanar una parte de tu relato ella te interrumpe; no te permite contar lo que deseas, y en medio de las pocas palabras que te permite decir, esa persona tiene un consejo para ti, uno que no has pedido. Además, te da su punto de vista a cada instante, y no conforme con eso, te cuenta cosas de ella que tú no has preguntado. Y aquí termina esta segunda visualización. ¿Cómo te sentiste esta vez?

Este ejercicio te puede servir para ejercitar un poco la empatía. Para que te des cuenta de lo que la otra persona quiere y espera en una interacción, y de cómo se sentiría cuando tú no eres capaz de aplicar la escucha activa.

Capítulo 10. Los demás no son perfectos

En lo que respecta a los pensamientos negativos recurrentes, hay muchas y muy variadas fuentes que hacen que los mismos parezcan inagotables. Tenemos, por un lado, nuestra tendencia a desarrollar expectativas poco realistas, o nada realistas, sobre personas o situaciones que, al no verse satisfechas de acuerdo a lo esperado, nos llevan a polarizar nuestra mente hacia lo negativo. Así mismo, tenemos la ausencia de límites en lo que respecta a nuestras responsabilidades en los ámbitos en los que nos desenvolvemos, lo que nos lleva a experimentar altas cuotas de estrés y de ansiedad al no poder satisfacer las expectativas que los demás han puesto en nosotros. Y de ambos casos te hablaré a continuación.

Trabajando nuestras expectativas poco realistas

Una expectativa es una creencia que desarrollamos o una suposición que adoptamos acerca de cómo deberían ser las cosas, o cómo se deberían comportar las personas, considerando única y exclusivamente nuestros deseos y nuestra interpretación de la realidad. Una expectativa la podemos tener con relación a nosotros mismos, con respecto a otras personas, o sobre eventos y circunstancias que podrían o no estar bajo nuestro control.

En su significado más básico tomado del diccionario, la expectativa se define como la "*esperanza de realizar o conseguir algo*"; o, una "*posibilidad razonable de que algo suceda*" (Real Academia Española, s.f.).

Generar una expectativa con respecto a algo o alguien no debería representar un problema para las personas. Sin embargo, la situación se complica cuando esa expectativa es poco realista, o no lo es para nada. Porque, con seguridad, tal expectativa no se verá satisfecha, lo que generará una crisis emocional que nos puede llevar a experimentar frustración en primera instancia, pero también nos puede llevar a experimentar altas dosis de estrés y de ansiedad, lo que puede afectar nuestra salud física y mental.

En realidad, una expectativa bien fundamentada debería servirnos como preparación para la acción: "*si sucede esto, yo haré esto otro*". Cuando las manejamos de esta manera, las expectativas nos sirven para un propósito: tú esperas que ocurra algo, y ya sabes lo que harás tanto si ocurre como si no ocurre. Ese, desde mi perspectiva, sería un manejo saludable de las expectativas. El problema se presenta cuando esas expectativas son tan elevadas e irracionales, que no hay plan posible que mitigue el impacto de que no ocurran.

Un ejemplo de ello es: "la vida debería ser justa". Esta afirmación, como pensamiento filosófico está bien. Pero, si lo mantienes como una creencia arraigada solo genera frustración y malestar porque la vida no es justa. A veces, a la gente buena le pasan cosas malas; y otras, a la gente mala le pasan cosas buenas. ¿Qué piensas hacer si tu expectativa es que la vida sea justa contigo, cuando esta no lo es? Te vas a frustrar. Y si a menudo la vida te demuestra que no es justa, acumularás esa frustración hasta que explote de alguna manera, ya sea a través de alguna enfermedad, o de algún incidente no deseado. Es más, en muchas ocasiones hay personas que creen con toda seguridad hacer las cosas bien y tratar bien a los demás, pero mantienen una percepción de la realidad alterada, basada en suposiciones y en datos que no se han molestado en contrastar utilizando la escucha activa porque están absortos en sus propios prejuicios; mientras las personas de su alrededor los consideran poco menos que insoportables. A estas personas, ¿deberían sucederles cosas buenas o cosas malas? No existe un criterio universal, y desde luego, lo que ocurra o no ocurra no va a adecuarse a nuestras preferencias. Entonces, en lugar de esperar a que eso pase, deberías ajustar tu expectativa a una que sea más realista. ¿No te parece?

Otra expectativa que va en esa misma línea es: "tienes que entenderme". A lo mejor quiero hacerlo, pero no sé cómo; o, tal vez simplemente no quiero hacerlo, porque no siento que tenga que hacerlo. Habrá personas que quieran y decidan intentar entenderte, pero, no todas las personas que conoces querrán hacerlo o estarán en la capacidad de hacerlo. Por tal razón, esa es una expectativa poco realista.

Hay otra cuestión que atender en relación a cuando te haces expectativas poco realistas, y es el hecho de cómo estás afectando la vida de los demás. Cuando a través de tu actitud le transmites a las personas a tu alrededor lo que esperas de ellas, puede que esas expectativas estén muy por encima de lo que esas personas estarían dispuestas a entregarte, o puedan entregarte, lo que hará que tú te conviertas en una especie de "camisa de fuerza" para ellas. Estarás, de alguna manera, obligándolas a satisfacer tus expectativas. Y cuando eso no suceda, te decepcionarás de ellas, e incluso, te resentirás con ellas.

Hay una cita de la escritora Margaret Mitchell que dice: "*la vida no está obligada a darnos lo que esperamos*". Y yo concuerdo plenamente con ella. Ni la vida, ni las personas están obligadas a darnos lo que esperamos. Eso no significa que no tengamos expectativas, sino que tenemos que aprender a discernir cuándo nuestras expectativas son razonables, y cuándo representan un auténtico sinsentido.

Una expectativa razonable es aquella que tiene amplias probabilidades de suceder, mientras que una expectativa poco realista no es más que un deseo sin un fundamento real. Y para ilustrar este punto te voy a proponer un par de ejemplos.

Si yo te dijera que llevo veinte años juntando el dinero que necesito para vivir el resto de mi vida, y que mi expectativa es, si se mantiene la economía como ahora, llegar a esa cifra en tres años más, eso sonaría como una expectativa realista. Pero, si yo te dijera que gano el suelo mínimo, que estoy a punto de jubilarme, que no tengo ahorros porque vivo prácticamente al día, pero que mi expectativa es poder viajar y conocer todos los continentes de este planeta cuando me jubile, eso sonaría como una expectativa poco realista.

Entonces, tenemos que aprender a gestionar nuestras expectativas, para diferenciar cuáles de ellas tienen una base real y pueden ocurrir, y cuáles no la tienen y son solo deseos. Esto, por un lado. Pero, además, tenemos que liberar a las personas que nos importan de nuestras expectativas con respecto a ellos y su comportamiento hacia nosotros. Si somos hijos, tenemos que liberar a nuestros padres de la responsabilidad de cuidarnos, si es que ya somos adultos, claro. Y si somos padres, tenemos que liberar a nuestros hijos de cumplir nuestras expectativas. Tenemos que entender que ellos, tanto padres como hijos, son seres humanos adultos como lo somos nosotros, que tienen una vida que vivir, y que no tiene que ser la vida que nosotros les estamos obligando a vivir, sino la que ellos decidan. Esta puede llegar a ser una experiencia sumamente liberadora, cuando la haces con plena consciencia.

Trabajando las expectativas que los demás tienen de nosotros

En este mundo en el que vivimos, a las expectativas que los demás tienen de nosotros terminamos llamándolas "responsabilidad". Nos pasamos buena parte de nuestras vidas haciendo lo que los demás esperan que hagamos. Somos programados desde la tierna infancia para cumplir con las normas sociales y para ser obedientes, cumpliendo con todo lo que se espera de nosotros. ¿Qué ganamos con eso? La moneda de pago más cotizada en esta sociedad: aceptación.

Si te pregunto en este momento, de todo lo que haces en las 24 horas que tiene un día, cuántas de esas cosas las haces porque es lo que realmente y desde el fondo de tu corazón quieres hacer, ¿cuál crees que sería tu respuesta? ¿Cuántas haces porque son tu responsabilidad? ¿Cuántas haces para satisfacer las expectativas de alguien más? ¿Te has hecho alguna de esas preguntas en algún momento?

Conozco a muchas personas que no pueden evitar asumir responsabilidad por otros, aunque no les corresponda hacerlo. Y, muchos psicólogos recomiendan en estos casos tratar de identificar la razón subyacente a este comportamiento, que puede ser originado por la **necesidad de valoración, de afecto, de reconocimiento o de aceptación**, entre otras. Otra razón común es la **necesidad de controlar**, que se ve satisfecha al asumir la responsabilidad de todo.

Y todo esto ocurre de manera inconsciente, por lo que es necesario hacer un esfuerzo de introspección y de reflexión para tratar de descubrir la razón que nos lleva a asumir responsabilidades que no nos corresponden.

Entonces, si eres de las personas que asumen responsabilidades que están más allá de lo que te correspondería hacer, te invito a preguntarte cuál es la razón que se esconde en tu inconsciente que te lleva a exhibir ese comportamiento. Pero, tengo que advertirte que, tal vez, te puedas encontrar con la dificultad de que la línea entre lo que es tu responsabilidad y lo que no sea difusa para ti. En ese escenario, tienes que pensar en términos de tus necesidades básicas.

Aquí, una ayuda importante la puedes encontrar en la pirámide de Maslow, que es una teoría que te habla sobre las necesidades psicológicas que tenemos los seres humanos y de cómo estas influyen en nuestra motivación. Esta es una pirámide de cinco niveles, en la que la base de la pirámide representa las **necesidades fisiológicas**, tales como alimento, hidratación, refugio, y vestido.

El siguiente nivel, corresponde a las **necesidades de seguridad y protección**, que podemos interpretar como seguridad financiera, de salud y de bienestar, entre otras. Estas necesidades, junto con las de la base de la pirámide corresponden las necesidades básicas del ser humano.

En el tercer nivel de la pirámide están las **necesidades sociales**, que tienen que ver con el amor, la aceptación, y el sentido de pertenencia a un grupo, y en este nivel se incluyen las amistades, la familia y las parejas.

En el cuarto nivel de la pirámide se encuentran las **necesidades de reconocimiento**, que son aquellas relacionadas con la autoestima, para que ganemos en confianza y seguridad en nosotros mismos.

La punta de la pirámide, el quinto nivel, se encuentran las **necesidades de autorrealización**, en el que las personas buscan alcanzar su nivel más alto como seres humanos, desarrollando al máximo sus capacidades y potencialidades. Una persona autorrealizada es una persona consciente de sí misma, y enfocada plenamente en su desarrollo personal.

Esta pirámide de Maslow te puede ayudar a discernir cuándo estás asumiendo responsabilidades de acuerdo con tus necesidades básicas como se indican en la pirámide, y cuándo lo estás haciendo para satisfacer las necesidades de otros.

Ahora que ya hemos repasado tanto tus expectativas, como las expectativas que otros tienen de ti, te invito a que reflexiones sobre esto: una expectativa es algo que se ubica en el futuro, en algo que ocurrirá más adelante, y que se construye con pedazos del pasado, con cosas que ya ocurrieron y que te dicen lo que podrías esperar. Pero, en ellas no hay presente, y nunca lo habrá, porque si se ven materializadas, ya dejan de ser expectativas.

Con esto, lo que te quiero decir es que, cuando colocas tu atención en tus expectativas, te pierdes el momento presente, el aquí y el ahora, que es cuando la vida se vive. Y ya sea que estás apegado a tus propias expectativas, o que vives para satisfacer las expectativas de los demás, en cualquiera de los dos casos no estás viviendo tu vida. Te estás perdiendo el presente. Y no hay mejor incentivo que ese para que empieces a tomar el control del manejo de tus expectativas.

Si en verdad deseas tomar el control, te sugiero que empieces por aclarar tanto sus expectativas como las tuyas de manera abierta y directa. Si tú conoces las expectativas que los demás tienen de ti, estarás en capacidad de comunicarles cuáles de ellas estarías dispuesto a cumplir, y cuáles no. Así mismo, eso te daría la oportunidad de comunicarles lo que tú esperas de ellos. Esto ayuda en buena medida a disolver los niveles de frustración por expectativas no cumplidas.

Cuando las expectativas de otros se convierten en camisas de fuerza para ti, y cuando tus expectativas se convierten en camisas de fuerza para otros, tu salud mental y física, así como la de ellos, se verán afectadas progresivamente. Y estoy seguro de que no es eso lo que realmente quieres. Así que es momento de ponerte manos a la obra.

Ejercicio práctico

Este ejercicio requiere un trabajo previo de introspección. Te invito a elegir a tres personas diferentes que consideras las más importantes en tu vida, y quiero que escribas cuál es la expectativa más exigente que tienes de cada uno de ellos.

Una vez escritas estas tres expectativas, revísalas y asegúrate de que reflejan fielmente lo que esperas de cada uno de ellos. No hay límite de tiempo en este ejercicio, por lo que te puedes tomar el tiempo que necesites.

Ahora, evalúa de manera imparcial qué tan realista es cada una de esas expectativas. Es decir, evalúa qué tan posible es que eso que esperas se cumpla. Utiliza una escala del 0 al 5, en donde 0 significa "totalmente improbable", y 5 significa "casi seguro".

A continuación, escribe para cada una de esas expectativas, qué aspectos de sus respectivas vidas esas personas deberían someter a tus expectativas. Es decir, qué tendrían que sacrificar esas personas para que tu expectativa se cumpla. Por ejemplo, si una de esas personas es tu hija, que ha decidido que no quiere tener hijos, y tu expectativa es que ella te dé nietos, debes escribir qué estaría sacrificando ella para satisfacer tu expectativa.

Una vez completada esta tarea, escribe cómo crees que se van a sentir cada una de esas personas teniendo que hacer lo que tú esperas que hagan.

Este ejercicio te puede ayudar a poner en perspectiva cómo tus expectativas pueden afectar la vida de las personas que amas, lo que te va a ayudar a replantear tales expectativas, desde un punto de vista más amplio, enfocado en el bienestar de todos.

Capítulo 11. Controlando la preocupación por el qué dirán y otras calamidades

Los seres humanos somos seres gregarios, lo que quiere decir que formamos parte de una agrupación a la que llamamos sociedad. Y puede que esto sea así ya que, estando aislados no sería posible evolucionar.

Hay quienes sostienen que vivir en sociedad, estar en presencia de otros, nos permite reconocer en ellos rasgos nuestros que, de otra manera, no podríamos percibir. En otras palabras, las personas que nos rodean funcionan como espejos que reflejan una imagen de nosotros que de otra manera no seríamos capaces de ver. Y eso está bien. El problema sucede cuando es llevado al extremo, cuando vivimos en función de la opinión de los demás, porque eso puede causarnos serios problemas en nuestra salud mental.

Me refiero a aquellos casos en los que las personas llegan a identificarse tanto con la multitud, y tan poco consigo mismas, que su mayor preocupación pasa a ser la opinión que los demás tengan de ellas. Y eso es lo que ha traído a querer escribir un poco sobre esa preocupación que nos genera lo que otros puedan decir de nosotros.

No quiero que me malinterpretes en lo que trato de transmitir, porque yo entiendo la importancia que tiene conocer la opinión de otras personas en nuestras vidas. Sin esa opinión, sería poco o nada lo que podríamos conocer de nosotros mismos. Pero, cuando una persona renuncia a su identidad, renuncia a pensar por sí mismo y decide someterse a la voluntad de los demás, entonces, es cuando empieza a tener problemas. Uno de esos problemas puede llegar a ser el pensamiento excesivo, que se manifiesta como miedo a tomar decisiones, porque se teme la reacción de las personas que le rodean, lo que en sí representa una evidencia de falta de confianza en sí mismo.

Cuando se llega a esta situación, la mejor manera de salir de ella es arriesgándose a poner a prueba su criterio, actuando desde el pensamiento propio. El miedo a equivocarnos es justamente lo que nos puede llevar a experimentar esa condición, por lo que es necesario armarnos de valor para enfrentar ese miedo, y asumir que en cada toma de decisiones podríamos equivocarnos. Esa es una posibilidad que tenemos que aceptar, con la consciencia de que habrá para nosotros un aprendizaje detrás de cada error. Aquí, no hay mejor terapia que la exposición al fracaso para superar el miedo a equivocarse.

Ahora bien, así como vivir en función de la opinión de los demás puede derivar en un problema de salud mental, existen otros problemas relacionados con la opinión que los demás tienen de ti, y de los cuales te voy a hablar a continuación.

FOMO y JOMO

FOMO, o Fear Of Missing Out (miedo a perderse algo) es una patología psicológica muy relacionada con las redes sociales, en la que quien la padece tiene miedo de que otros pudieran estar viviendo experiencias que este se está perdiendo, lo que genera un deseo sostenido de estar continuamente conectado con lo que los demás están haciendo. Esto, por supuesto, podría generar en quien padece este trastorno un estado de preocupación recurrente al pensar que se está perdiendo algo importante, lo que impactará en su salud mental y física.

Esta patología se ha manifestado activamente a partir de la popularización de las redes sociales y de su mala utilización, por el gran volumen de información que circula a través de ellas, por la sensación de soledad, y por la deficiencia de atención en la satisfacción de las necesidades psicológicas de la gente, entre otras causas, lo que termina generando en las personas ansiedad, depresión o miedo.

Ahora bien, así como se ha manifestado este síndrome, ha aparecido su contraparte a la que han bautizado como JOMO (Joy Of Missing Out), que se puede traducir como la dicha de perderse algo, y que consiste en bloquear de manera deliberada todo acceso a las redes sociales y noticias por un tiempo específico, lo que les regresa a las personas la sensación de que tienen control sobre sus propias vidas.

Este sería el caso, por ejemplo, de las personas que deciden de manera voluntaria no revisar más las redes sociales ni su teléfono a partir de una cierta hora de la noche. O, también podría ser el caso de las personas que no revisan su celular cuando están concentradas en una tarea específica, ya que de manera deliberada deciden no mirar "lo que se están perdiendo".

JOMO viene a ser un poco el contrapeso de FOMO en el sentido de que pretende buscar espacios de desconexión del mundo virtual para aquellas personas que se sienten saturadas o abrumadas por todo lo que allí ocurre. Por tal razón, buscan de manera consciente y premeditada desconectarse de todo y de todos para dedicar tiempo a cosas que son realmente importantes para ellas. Mientras que FOMO te lleva a perder el control de tu vida, al generarte ansiedad por estar perdiendo algo que otros están disfrutando, JOMO te ayuda a retomar al control de tu vida, al ser tú quien de manera voluntaria decide cuándo, cómo, y en qué condiciones usar las redes sociales.

Lo que JOMO introduce en tu vida son pausas frecuentes para desconectarte de todo y poder conectarte contigo mismo y con lo que realmente quieres hacer. Es un concepto muy sencillo, pero muy poderoso que deberías aplicar en tu vida.

Juicio vs. curiosidad

Como ya hemos visto a lo largo de estas páginas, una recomendación recurrente de los especialistas en el tema es suprimir todo juicio de valor en tu mente. Es justo de eso que se trata vivir en el presente. De tomar las cosas como vienen, cuando llegan, y de hacer lo mejor que podamos con ellas. Este, aunque puede llegar a ser un proceso arduo y lento, con seguridad traerá a tu vida grandes beneficios.

Como filosofía de vida, eso está muy bien. Pero, ¿cómo llevar eso a la práctica? Pues bien, antes de responder me gustaría que reflexionaras sobre lo siguiente: ¿qué pasaría si en tu mente fueras capaz de reemplazar tus juicios por curiosidad? ¿Si fueras capaz de querer transitar el camino que te están poniendo al frente sin juzgarlo, tan solo porque sientes una genuina curiosidad de saber qué va a pasar más adelante? ¿Qué crees que pasaría? Esta sería la forma de llevar esto a la práctica: reemplazar el juicio por la curiosidad.

Cuando logras eliminar el juicio de tu mente, tu vida deja de ser un continuo de problemas, drama, dolor y sufrimiento, y se convierte en una aventura. Una en la que el control ya no es tan importante. Una en la que todas las posibilidades están allí para ti, ya que no tienes escrito un guion de tu vida, sino que es una historia que se va desarrollando en la medida en la que tú vas transitando por ella.

Y quiero hacer énfasis en que esto no se trata de ir por la vida sin un plan, sin un proyecto de vida. Lo que te digo es que, sin importar cuál sea tu proyecto de vida, te vas a encontrar con situaciones que no pudiste haber anticipado, o que no anticipaste. Y, cuando te encuentres en esa situación, si tu actitud es la de una persona curiosa, vas a querer transitar por ese camino para llegar hasta el final y ver qué hay para ti allí.

Este es un nuevo paradigma. Es una manera diferente de interpretar la realidad y de transitar a través de ella, que solo es posible cuando tomas el control de tu mente, cuando eliminas el juicio y lo reemplazas por la curiosidad.

Esto, por supuesto, va a requerir de un enfoque de pensamiento diferente. Pero será uno que tú puedas decidir de manera consciente, con conocimiento, entendiendo que vas a ganar si aplicas este nuevo enfoque en tu vida. Esta nueva aproximación de tu percepción de la realidad reducirá al mínimo tus niveles de preocupación. Ya no te va a importar tanto lo que los otros digan o piensen de ti, y te vas a enfocar en recorrer el camino de tu vida. Si te tomas el tiempo para pensar esto bien, Te darás cuenta de que tienes muchísimo que ganar, y muy poco que perder.

Las comparaciones

Otra fuente recurrente de preocupación en este mundo en el que vivimos, gobernado por las redes sociales, son las comparaciones. Hay quienes se han dedicado a establecer cuáles son los parámetros bajo los cuales nos tenemos que comportar, cómo tenemos que lucir, y con quién tenemos que conectar los seres humanos. Y esto lo han hecho a través de las redes sociales.

Si a una persona que es segura de sí misma, que sabe quién es y lo que quiere, la comparan con otra, esto no generará mayor efecto negativo o adverso en ella. Porque, sabe que nadie tiene que decirle quién es, ya que esa persona lo sabe.

El problema lo tienen aquellas personas que presentan severos problemas de autoestima, y cuya imagen de sí misma está determinada en gran medida por la opinión que los demás tienen de ellas. Es allí cuando se puede hacer un daño importante en la psique de las personas. Un daño que podría empezar como dudas e inseguridades, pero podría escalar a otros niveles si no se toman las medidas necesarias a tiempo.

Para empezar, debo decir que, para mí, una comparación es una distorsión de la realidad. Sostengo mis palabras en el hecho de que todos los seres humanos somos diferentes. Y lo que ocurre cuando una persona se compara con otra es que no siempre es una comparación justa, ni real, por lo que está llena de expectativas irreales. La solución más razonable que conozco para combatir este problema es trabajar en uno mismo, en tu autodescubrimiento. En descubrir quiénes somos y ser fieles con lo que somos. Eso nos genera una seguridad impresionante a nivel psicológico, y nos permite navegar por las aguas de las redes sociales sin contaminarnos con los estándares impuestos por otros. Y esto tiene mucho que ver con el siguiente tema del que te quiero hablar, que es el de la imagen corporal.

Pensamientos recurrentes e imagen corporal

Me gustaría partir de este principio: si hay alguien que te está diciendo cómo te deberías ver, el problema es de esa persona y no tuyo. Y aquí me veo obligado a regresar al tema de las redes sociales.

Cuando nuestras vidas están gobernadas por lo que ocurre en las redes sociales, o más bien, por lo que dicen que ocurre, empiezan a aparecer en nuestras mentes pensamientos que nos dicen que no nos vemos como la gente espera que nos veamos. Y tú ya sabes lo que ocurre cuando esos pensamientos recurrentes no abandonan tu mente.

Me gustaría plantear una solución al respecto, pero no creo que exista una solución sencilla ni general. Creo que este es un tema básicamente de conciencia. Si tú eres capaz de desconectarte las redes sociales a voluntad, todavía hay esperanza para ti. Y si no eres capaz de hacerlo, pero deseas hacerlo, también hay esperanza para ti. Porque, recuerda, sin importar lo difícil y absurda que parezca la situación en la que estás, **todo está en tu mente y siempre eres tú el que decides**. Si decides darte de baja por un rato en las redes sociales para hacer un proceso de desintoxicación, pues te felicito. Esa es una decisión sumamente valiente.

Pero, aunque no lo hicieras, tan solo con el hecho de ser consciente de que tú eres el dueño de tu cuerpo y de tu mente, ese solo pensamiento te va a permitir salir de la dictadura de las redes sociales. Recuerda: si tú sabes quién eres, no te va a importar la opinión que otros tengan de ti. Tampoco te van a importar las comparaciones que hagan de tu cuerpo.

Entonces, lo que te propongo es que dejes de invertir tanto tiempo en internet y en las redes sociales, y que te dediques más a conocer qué es lo que está pasando dentro de tu mente, y cómo puedes solucionarlo.

Redes sociales y pensamiento excesivo

El problema con el que nos encontramos en la actualidad es que las redes sociales nos están colocando delante unas lentes para que todos veamos lo mismo. Es curioso, por decir lo menos, ver como en plataformas como Facebook e Instagram solo hay espacio para momentos felices. Y yo me pregunto: ¿es que acaso la gente no se enoja? ¿No se siente triste? Yo creo que sí. Pero mostrar una foto así se saltaría completamente del estándar de esas plataformas.

Y no estoy diciendo aquí que debamos compartir tanto momentos felices como los no tan felices. Lo que digo es que uno no debería compartir tanto de sí mismo en una plataforma para empezar. Y si vas a compartir algo, no debería haber un estándar para que lo hicieras. Deberías poder compartir las cosas que quieres compartir, y de la manera en que las quieras compartir. Veo con preocupación cómo en la actualidad las redes sociales vienen modelando el comportamiento de las masas, y no todo el mundo se da cuenta de esto.

Me preocupa sobremanera ver cómo un "like" tiene el mismo

poder o más poder que un voto en una elección. Vivimos en una sociedad en la que lo popular está reemplazando muy rápidamente a lo legal y a lo correcto. Seguro que tienes una anécdota que contar sobre lo que hizo alguien, le conozcas personalmente o solamente a través de las redes sociales, para ganarse un "like".

Y aquí volvemos al problema de la comparación: "*si no tengo tantos "like", no valgo*". Y esto empieza a generar en las mentes de esas personas pensamientos negativos recurrentes sobre su propia valía: "es que no valgo"; "tengo que cambiar"; "tengo que ser más como esta otra persona". Así, estas personas se van alienando, van perdiendo su identidad, y empiezan a tratar de ser alguien más, alguien que guste, alguien que llame la atención. Pero, al igual que en los apartados anteriores, tomar consciencia de quién eres, y estar satisfecho con quien eres, es el mejor antídoto.

Testimonio

En lo que respecta a las redes sociales y su mal uso, estoy seguro de que tú, al igual que todos nosotros, habrás conocido al menos a una persona que está enganchada todo el día en las redes sociales. Por supuesto, habrá casos en los que lo hacen porque de ello depende su trabajo, y es posible que hasta ni siquiera les guste hacerlo. Pero, seguro estarás de acuerdo conmigo de que hay personas que simplemente no pueden dejar de mirar lo que en ellas ocurre.

Lo lamentable de esta situación es que la principal razón por la que esta gran mayoría de personas no puede permanecer ajena a las redes sociales, tiene que ver con problemas de autoestima. Y esto lo digo con propiedad, porque conozco a personas que se comportan de esta manera. Estas, son personas que tienen un concepto de sí mismas bastante pobre o devaluado, que no están satisfechas con quienes son, con su apariencia o con diferentes rasgos de su personalidad, y encuentran en las redes sociales una fuente inagotable de aprobación.

Para mí, se hace relativamente fácil identificar en las redes sociales a una persona con este tipo de problemas porque en sus perfiles encontrarás muchas fotos y videos del tipo: "*mira qué guapa estoy*"; "*mira qué bien la estoy pasando*"; "*mira qué bien lo he hecho*"; "*mira que novio o novia tan estupendo tengo*". Y, un rasgo distintivo de todo lo que sube a las redes una persona con problemas de autoestima es que aparece en casi todas sus fotos y videos exhibiendo siempre la misma pose. Esa que le "favorece", desde el ángulo que "mejor se ve", y que muestre lo que desea transmitir.

Esto no es algo que le nazca hacerlo, que surja de manera espontánea, sino que es el producto de la opinión que los demás tienen de esa persona. Y así, se lanzan en esa carrera desaforada para conseguir un "like", porque piensan que a través de la aprobación de los demás es que van a conseguir la felicidad. Y debo decir que esto no es algo que hagan de manera consciente. Al menos, no es así en los casos que yo conozco.

Pero, no me creas. Te invito a que lo constates por ti mismo. Entra a tus redes sociales y con seguridad te vas a encontrar a personas que en todas sus fotos y videos siempre salen con la misma pose, una bien elaborada, que se ve a todas luces que no es espontánea. Y pueden tener sin ningún tipo de exageración 10,000 fotos, y en todas saldrán con la misma cara, con la misma pose, todas bajo el mismo ángulo, lo que podría señalar un severo problema de autoestima.

Esto es algo completamente contrario a lo que hemos visto de *mindfulness*, a esa filosofía de vivir el momento presente, de ser espontáneo y de disfrutar la vida como venga. Porque, estas personas están dejando de vivir en el presente, se están perdiendo de un montón de experiencias por tratar de vivirlas a través de la cámara de sus teléfonos.

Ahora bien, como todo tiene su contraparte, cuando una persona llega a tomar consciencia de que está desperdiciando su vida y su tiempo al intentar vivir de las apariencias en las redes sociales, cuando decide de manera consciente vivir en el presente, en el aquí y en el ahora, sus problemas de autoestima se empiezan a desvanecer. Y esto es algo que he tenido el placer de presenciar. Esto lo he visto en personas que decidieron probar esta perspectiva, y que han mejorado bastante en su autoestima. Ellas han decidido de manera voluntaria vivir el presente, no preocuparse tanto por lo que digan los otros, y han visto cómo su autoestima se ha visto incrementada, y cómo han dejado de necesitar tanto una vida virtual en las redes sociales, porque empiezan a deshacerse de la adicción de buscar la aprobación de otros en ellas.

Ejercicio práctico

Te propongo que, de manera deliberada, elijas una hora, la que te siente mejor, en la que te vas a olvidar de las redes sociales. Durante esa hora vas a hacer otra cosa: puedes salir a caminar, a correr, puedes leer un libro, puedes jugar con tus hijos, puedes hacer cualquier otra cosa que no sea navegar por tus redes sociales.

Si estás muy apegado a ellas, puede que esa hora resulte un infierno para ti, pero debería ser un excelente primer paso para empezar a reducir el control que ellas tienen en tu vida.

Si has sobrevivido a esa hora, ¡felicidades! Anota cómo te has sentido y qué dificultades has encontrado en ello. Anota también las cosas positivas, si es que las encuentras (que no tiene por qué ser así el primer día). Ahora viene la segunda parte: ¿te ves capaz de repetir esto durante una hora todos los días? Este ejercicio, con el que estás fomentando la actitud de JOMO en tu vida, trae beneficios de verdad cuando se practica de forma continuada, es decir, cuando le "coges el truco" a pasar un tiempo desconectado de redes sociales. Si lo realizas por una hora diaria y anotas tus impresiones, descubrirás que en cuestión de semanas no te será tan difícil, y habrás aprendido a resistir ese impulso que es el que te mantiene encadenado a seguir deslizando la pantalla y a asumirte cada vez más como parte de una masa que elimina cualquier rastro de individualidad en tu personalidad y te inculca unas expectativas que, de nuevo, quizá no quieras que sean las tuyas.

Capítulo 12. Reducción del estrés financiero: Un área común de pensamientos recurrentes

En nuestros días, las finanzas representan un verdadero dolor de cabeza para muchos de nosotros, lo que se convierte en un generador constante de estrés en nuestro día a día. Muchos de nuestros pensamientos negativos recurrentes están relacionados con el estrés financiero. Y en eso nos vamos a enfocar en este capítulo.

Pagar la renta o la hipoteca; pagar la escuela de tus hijos; pagar la cuota del coche y el seguro; pagar los impuestos; pagar los alimentos; pagar los servicios del hogar; pagar, pagar, y pagar es todo lo que hacemos. Y si cuentas con los medios para generar suficiente dinero para pagar, pues todo bien. El problema es cuando no cuentas con esos medios, o cuando contabas con ellos, pero los has perdido. Allí es cuando la situación se vuelve sumamente estresante.

Cuando otros dependen de ti

Si a esto le sumas que no se trata solo de ti, sino que hay personas que dependen de ti también, esto se convierte en una causa de estrés importante. El hecho de que otros dependan de ti implica que tus acciones no solo repercuten en tu vida, sino en la vida de las personas que están bajo tu protección. Eso, de por sí ya genera una cuota importante de estrés. El estrés financiero no es diferente de cualquier otro tipo de estrés, pero sí es bastante común, y para muchas personas, una fuente de pensamientos recurrentes. Por tanto, se le debe dar el mismo tratamiento.

En este escenario, es importante que actúes desde tu neocórtex y no desde tu sistema límbico, de manera que puedas tomar decisiones que no estén distorsionadas por tus emociones. Por ejemplo, puede que te sientas agobiado porque no ganas lo suficiente para hacerle frente a todos los gastos del hogar. Si gestionas tus decisiones desde la perspectiva de cómo te sientes, es probable que tomes malas decisiones, que afectarán a las vidas de las personas que dependen de ti.

Por tal razón, debes convertirte en el observador de tus pensamientos y emociones, de manera que puedas actuar de manera racional. Puedes, por ejemplo, hacerles saber a las personas que dependen de ti cómo te sientes, de manera que puedas drenar un poco esas emociones, descargarte emocionalmente, y podrías también hacerlos partícipes de las decisiones que tengas que tomar y que puedan afectar a sus vidas.

Cuando el problema no depende de ti

Hay situaciones que se escapan de nuestro control. Y, cuando esto ocurre, cuando un problema no depende de ti, lo único que puedes hacer es tomar control de tu reacción y enfocarte en lo que sí puedes hacer.

El autor Stephen Covey plantea que el 90% de lo que vivimos está relacionado con la forma en la que reaccionamos, mientras que el 10% restante se relaciona con lo que te pasa. Y la forma en la que reaccionamos puede ser emocional, o puede ser racional, como hemos venido trabajando a lo largo de toda esta guía.

Cuando tú tienes el dominio de tu mente, cuando tus emociones no se desbordan, estás en condiciones de tomar el control de tus reacciones ante situaciones que no dependen de ti. La curiosidad por encima del juicio. ¿Recuerdas? Ya que la situación no está en tus manos, deberías preguntarte: ¿qué puedo hacer? Y hacerlo, por supuesto.

Aliviar la carga mental laboral

La carga mental es el esfuerzo mental y emocional deliberado que se requiere para alcanzar un objetivo o para cumplir una tarea. Se refiere a la necesidad de procesar información y tomar decisiones para realizar una actividad. También se define como el "*conjunto de requerimientos mentales, cognitivos o intelectuales a los que se ve sometido el trabajador a lo largo de su jornada laboral, es decir, nivel de actividad mental o de esfuerzo intelectual necesario para desarrollar el trabajo*" (Delgado, 2002) .

El efecto de una carga mental elevada es la fatiga mental, que se puede definir como la disminución de la capacidad física y mental de un individuo, después de haber realizado un trabajo durante un periodo de tiempo determinado.

Esta fatiga puede ser producto de una mala gestión emocional. Cuando las emociones están en control, la mente se desenfoca. Como ya hemos visto, es cuando utilizamos nuestro cerebro racional que podemos tomar las mejores decisiones. Por tanto, es necesario poner las emociones bajo control. Utilizar la mente racional para planificar el trabajo diario, y para evitar las distracciones que tanto daño hacen a nivel de productividad.

Ejercicio práctico

Como ya te he dicho, el estrés financiero no es diferente a cualquier otro tipo de estrés, por lo que tenemos que darle el mismo tratamiento. Tienes que encontrar la raíz del problema, y tomar acciones para resolverlo.

Te invito a realizar este ejercicio, que te va a permitir tomar el control en lo que respecta al estrés financiero.

1 Si quieres resolver un problema, lo primero que tienes que hacer es identificar cuál es ese problema. Por tanto, te invito a identificar los problemas financieros que no te dejan dormir.

2 Entiende cuál es tu situación actual. ¿Ganas menos de lo que gastas? ¿Estás gastando dinero en cosas que no necesitas realmente? Identifica dónde están las brechas en tus finanzas.

3 Aprende a diferenciar tus necesidades de tus deseos. Identifica cuáles son los gastos que realmente necesitas hacer, y cuáles podrías suprimir, porque son gustos.

4 Elabora un presupuesto bajo esta nueva perspectiva.

5 Inicia un fondo de emergencia, apartando una cierta cantidad de tus ingresos para tal fin.

6 En el caso de que hayas ajustado tu presupuesto todo lo posible y no puedas prescindir de nada más, piensa en una

solución alternativa. Puede que necesites otro trabajo mejor pagado, o trabajar más horas si esto es posible, o en un segundo trabajo parcial. Si vives con más personas, piensa también (a ser posible, en un diálogo conjunto) en qué gastos de ellas son prescindibles o en cómo estas personas podrían contribuir a la economía conjunta. No tengas miedo de plantear este problema: si esto supone una fuente de estrés para ti, es porque estás acaparando toda la responsabilidad de una situación que, al final, afecta a todos. Libérate de las expectativas de los demás hacia ti y plantea abiertamente el problema, si es que tu situación particular lo requiere.

Conclusión

Cómo te habrás podido dar cuenta a lo largo de tu lectura, nuestro cerebro es una herramienta impresionante, con capacidades que apenas estamos empezando a vislumbrar y a explorar. Tal vez sea por eso que al día de hoy nuestra ciencia nos ofrece más preguntas que respuestas en lo que respecta a su funcionamiento. Supongo que por eso no es extraño que en nuestra civilización existan tantos problemas relacionados con la salud mental de las personas.

Ahora bien, a pesar de lo poco que la ciencia conoce con certeza del cerebro y de su funcionamiento, con el conocimiento existente es posible adquirir un cierto nivel de eficiencia a la hora de utilizarlo, entendiendo que este no es más que el hardware sobre el cual funcionan los programas que representan a nuestras mentes. Programas estos que nosotros hemos permitido que se instalen en nuestros cerebros, y que tenemos la potestad y la posibilidad de cambiarlos si es que esos programas no están trabajando en función de nuestro propio bienestar. Este, para mí, es un principio básico de la salud mental. Un principio que nace del empoderamiento: yo soy el operador y programador de la mente. Yo decido lo que allí funciona y lo que debo eliminar. Y, ha sido por eso que me he tomado el tiempo de escribir este libro, porque he querido compartir contigo un poco que he podido descubrir y entender sobre nuestro cerebro, sobre nuestra mente, y de sus respectivos funcionamientos.

Y de todo lo que en mi vida me ha tocado experimentar sobre la mente y el cerebro, si algo me ha quedado claro es que los pensamientos recurrentes negativos **no son normales**. No creo que sea algo que debería pasarle a todo el mundo. Creo que es un fallo de la combinación cerebro-mente al que, si no le prestamos la debida atención, estos pensamientos pueden derivar en enfermedades mentales que se pueden ir haciendo cada vez más complejas hasta que ya nos sea muy difícil poder salir de ellas sin ayuda.

Considero que el inicio de la salud mental parte del auto empoderamiento, de saber que eres tú quien tiene una mente, y poder diferenciarte de ella. De entender que el cerebro funciona como el hardware de una computadora, que tu mente son los programas que operan en ese hardware, que tus pensamientos son el resultado de esos programas y que tú, en principio, eres el operador de ese hardware y de esos programas, pero que puedes llegar a convertirte, si así lo deseas, en el **programador** de ese ordenador que es tu cerebro.

Siguiendo con esta analogía que tanto me gusta del cerebro y del ordenador, así como todo programador tiene una instancia superior de soporte técnico a la cual acudir cuando tiene dudas o problemas, de la misma manera tú cuentas con personal profesional capacitado de salud mental a los cuales puedes acudir cuando necesites apoyo, orientación o ayuda a la hora de enfrentar tus pensamientos negativos recurrentes, o cualquier otro problema relacionado con tu salud mental.

Recuerda que estos pensamientos pueden ir escalando con el tiempo, convirtiéndose en problemas mayores más complejos, si no les das la debida atención. Y si sientes que no está en tus manos encontrar la solución, entonces puedes acudir a personas que puedan ayudarte a corregirlos, y es ahí en donde la intervención oportuna de los profesionales de la salud mental es sumamente importante. Y no estoy diciendo aquí que tú no puedas resolver tus problemas.

Simplemente te estoy invitando a que tomes acción en el sentido de buscar ayuda si ves que no logras mejorar tu situación a través de tus propios medios.

No me canso de reconocer que la mente es una herramienta única y sumamente valiosa cuando se trata de crear, de resolver, de proyectar. Porque, en esos casos la estamos utilizando como lo que es: una herramienta creativa. Pero, cuando nuestra mente se sale de control puede llegar a convertirse en nuestra carcelera, en nuestra jueza y jurado, colocándonos en una posición en la que no tenemos poder, y en la que quedamos a su total merced. Y, la diferencia entre uno u otro escenario la haces tú. Tú eres quien decides cómo utilizar tu mente. Tú tienes ese poder, pero tienes que ejercerlo…

Esa es mi intención al escribir estas páginas. Quiero que asumas el poder que tienes en la construcción de tu realidad. Y lo estoy haciendo a través del conocimiento que te estoy compartiendo, para que no tengas que invertir tanto tiempo como yo tuve que hacerlo, en descubrir prácticas e información que te pueden ayudar a moverte en la dirección correcta para acabar con los pensamientos negativos recurrentes que te agobian.

Es mi deseo que hayas disfrutado de la lectura de este libro, que te haya sido de provecho, y que te ayude a posicionarte como el gran arquitecto de tu vida que deberías ser, al adquirir cierto dominio sobre tu mente y tus pensamientos.

Mi invitación es a que no te quedes en la lectura de este libro. Practica los ejercicios que aquí te propongo. Investiga por tu cuenta sobre otras opciones, que hay muchísimas, y encuentra aquellas que realmente te funcionen. Sé curioso. No te conformes con lo que dicen los demás, escúchalos, pon a prueba su información, y toma de ella lo que pruebes que funciona para ti, de manera que conviertas en un hábito, en uno muy bueno, descubrir la verdad detrás de toda la información que recibes. Así, llegarás a convertirte en un maestro de tu propia mente y, en consecuencia, el arquitecto de tu realidad.

Material adicional

¡Aún no has terminado!

Gracias por leer y confiar en *Cómo dejar de pensar demasiado* para alejar los pensamientos rumiativos. Para ayudarte aún más en tu camino, he preparado unos materiales exclusivos que complementarán las estrategias que encontrarás en estas páginas. Para descargarlos de forma totalmente gratuita, escanea con tu teléfono el código QR a continuación:

También puedes hacerlo a través de este enlace directo:

https://wordcraftingllc.aweb.page/p/4353fcad-339a-4092-82bf-2ec765348e6f

Espero que estos materiales te resulten de ayuda y que alcances el bienestar y la paz mental que te mereces. Un fuerte abrazo.

¿ESTÁS ENCONTRANDO VALOR EN ESTA GUÍA?

Me encantaría pensar que así es. Este es el producto del trabajo de años de investigación y pruebas de ensayo-error, pero finalmente fue lo que supuso un cambio y me trajo la paz mental que buscaba, por eso espero que tú también puedas beneficiarte de él y aplicar los consejos que te brindo a lo largo de este texto.

Siendo un autor independiente, trabajo en lo que más me llena, que es ayudar a otros a alcanzar sus propios objetivos vitales. Esto es una satisfacción de por sí, pero también implica enfrentarme a algunos desafíos a diario: y es que el mundo editorial tiene una fuerte competencia que a menudo depende no tanto de un buen contenido, como de una buena campaña publicitaria.

Por esto, si consideras que este trabajo ha dado un resultado que puedes aprovechar para tu vida, te pediría que dediques solamente un par de minutos a dejar una reseña a *Cómo dejar de pensar demasiado*. De esta forma estarás ayudando a otros lectores a comenzar su propio proceso de recuperación con un material cuya calidad has comprobado por ti mismo. Para ti es un pequeño acto de generosidad, pero para mí puede representar la diferencia entre seguir creciendo en el mundo editorial y poder seguir mi vocación o tener que abandonarla.

Escanea el siguiente código QR con la cámara de tu teléfono para dejar tu calificación y escribir qué te ha parecido *Cómo dejar de pensar demasiado*:

También puedes dirigirte al siguiente enlace:

https://www.amazon.com/review/create-review/?
ie=UTF8&channel=glance-detail&asin=B0DN1XK669

Con esta acción estarás dando a conocer esta información, facilitando la recuperación de otros que están pasando por la misma situación y las mismas emociones negativas que tanto tú como yo hemos experimentado y pronto ambos habremos superado.

Aprecio de corazón tu esfuerzo compartiendo tu opinión. Muchas gracias de antemano por tu apoyo.

Referencias bibliográficas

a, T. E., Zetsche, U., Weidacker, K., Wahl, K., Schönfeld, S., & Ehlers, A. (June de 2011). The Perseverative Thinking Questionnaire (PTQ): Validation of a content-independent measure of repetitive negative thinking. Journal of Behavior Therapy and Experimental Psychiatry, Volume 42, Issue 2, 2011, Pages 225-232.

Arce Gamarra, Á., & Galantini Velarde, K. (2017). SISTEMA LÍMBICO Y EDUCACIÓN EMOCIONAL. ALÉTHEIA , 43-53.

Arnáez, S. G.-S. (2017). Hipocondría y pensamientos intrusos sobre la enfermedad: desarrollo y
validación de un instrumento de evaluación. . Behavioral Psychology= Psicología Conductual,, 25(1), 165.

Berny Hernández, M. C., Rodríguez López, D., Cisneros-Herrera, J., & Guzmán-Díaz, G. (Vol. 7,No. 14 (2020)). Trastornos de la Conducta Alimentaria. Boletín Científico de la Escuela Superior Atotonilco de Tula, 15-21.

Castellanos, N. (2022). Investigación de mindfulness en neurociencia cognitiva. neurologia.com, 74:163-169.

D.J. CHALMERS. (2002). Philosophy of Mind: Classical and Contemporary Readings. Oxford University Press.

Delgado, O. S. (s.f.). INSST. Obtenido de https://www.insst.es/documents/94886/96076/carga+mental+de+trabajo/2fd91b55-f191-4779-be4f-2c893c2ffe37

Ehring, T. y. (2008). Repetitive negative thinking as a transdiagnostic process. International Journal of Cognitive Therapy,, 1(3) 192-205.

JARA, V. (2012). "Desarrollo del pensamiento y teorías cognitivas para enseñar". Revista Sophia, Colección de Filosofía de la Educación(12), 53-66.

Moyano, N. (12 de 7 de 2010). Dialnet.unirioja.es. Obtenido de https://dialnet.unirioja.es/descarga/articulo/5645342.pdf

Nolen-Hoeksema, S. (1991). Responses to depression and their effects on the duration of depressive episodes. Journal of Abnormal Psychology, 100(4), 569–582.

Nota, J. A., & Coles, M. E. (2015). Duration and Timing of Sleep are Associated with Repetitive Negative Thinking. Cognitive Therapy and Research, Volumen 39, paginas 253-261.

OMS. (s.f.). World Health Organization. Obtenido de Organización Mundial de la Salud: https://www.who.int/es/news-room/questions-and-answers/item/self-care-for-health-and-well-being

Real Academia Española. (s.f.). Diccionario de la Real Academia Española. Obtenido de https://dle.rae.es/mente?m=form

Russ Harris. (2020). Organización Mundial de la Salud. Obtenido de https://www.who.int/es/home

Silva-Barragán, M., & Ramos-Galarza, C. (Sep-Dic de 2020).

Modelos de Organización Cerebral: un recorrido neuropsicológico. Revista Ecuatoriana de Neurología, vol.29 no.3.

www.ingramcontent.com/pod-product-compliance
Lightning Source LLC
Chambersburg PA
CBHW071617150726
48000CB00004B/1764
9798230154372